高齢化時代の
家づくり

平成元年に建てた著者自宅（東京・日野市）

北欧の断熱防音ドア。厚さ 80 ミリ、重さ 90 キロのドアはいかにも百年住宅にふさわしい

玄関の土間と廊下の段差が
9センチの上り框

廊下と階段の有効幅を広げる
くり棒手すり

蹴上げ高さが 20 センチの階段と
くり棒手すり

蹴上げ高さ 19 センチの階段と
くり棒手すり

土間床工法の床にじゅうたんを直接敷きつめたリビング

２階の寝室に取り付けたボウウィンドウ

足音を和らげるために敷いた
じゅうたん張りの２階廊下と
くり棒手すり

土間床工法の建築現場

1階の床全面に配管した蓄熱式床暖房の温水パイプ

YKK AP から発売されたトリプルガラスの樹脂サッシ

ペアガラス木製サッシの断面

北欧風大屋根デザインの
立川モデルハウス

平成９年に建てた木造２階建ての本社。屋根材はニュージーランド製「コロナ」

外壁にコッツウォルズストーンを使用した家（東京・立川市）

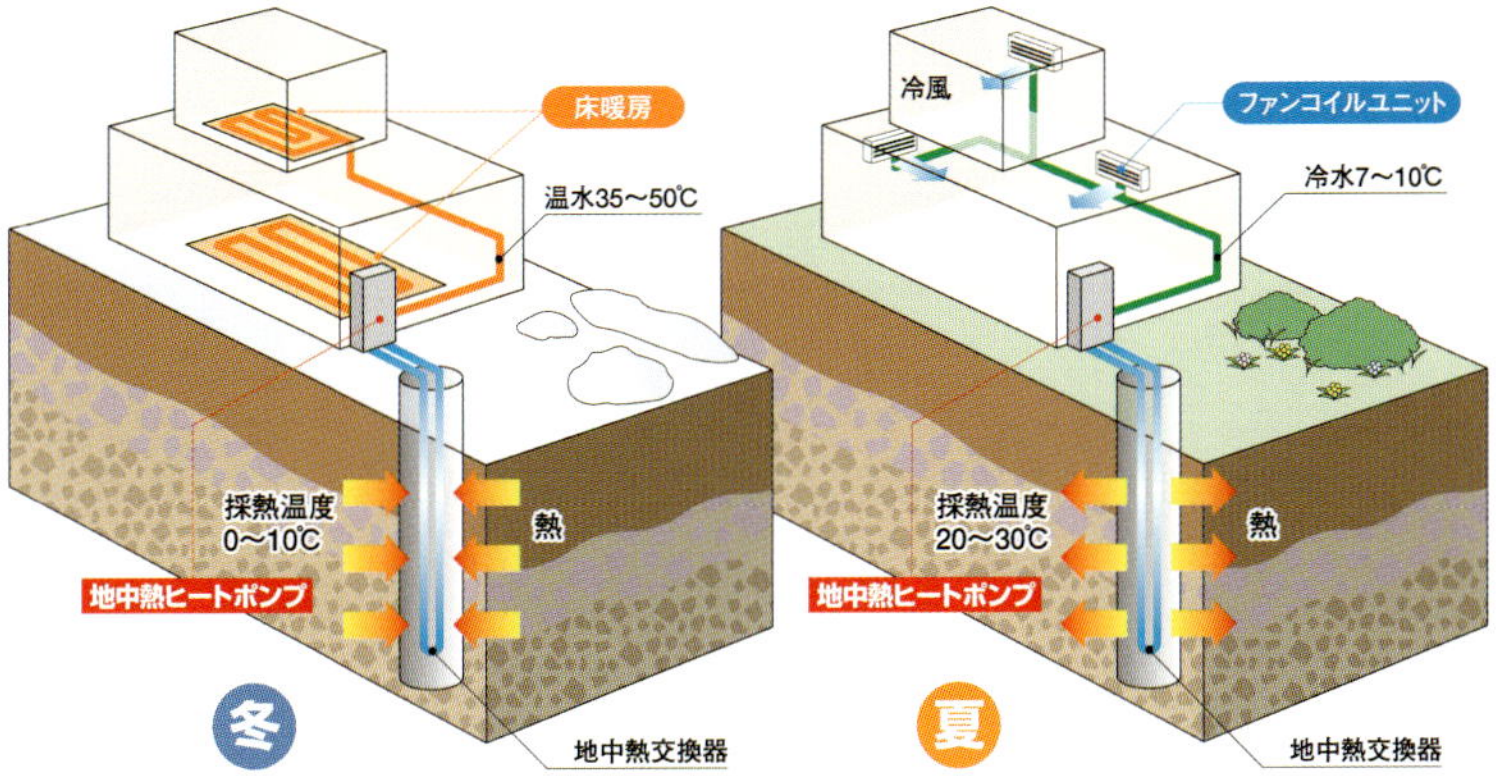

地中熱利用の仕組み（画像提供：サンポット社）

地中熱利用のヒートポンプ

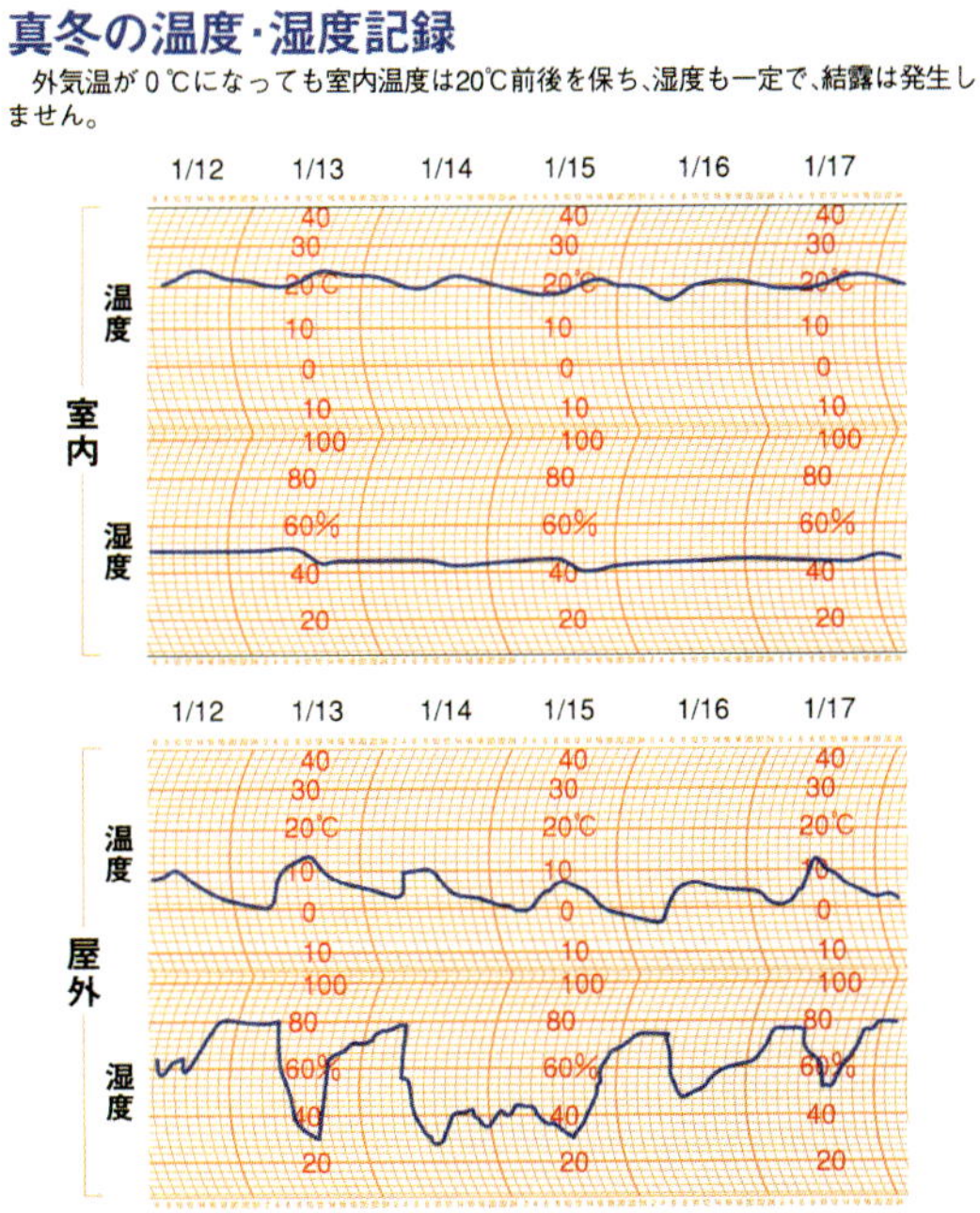

真冬の温度と湿度計のグラフ。室内の温度は常に20℃前後に保たれている

階段昇降機の例（写真提供：中央エレベーター工業）

はじめに

　自分が今住んでいる家に満足している人は少ない。建てた当初は満足な家も、夏になれば二階が暑く、冬になれば家中が寒いなど、居住性についての不満は多いものだ。断熱材は普及したが、家全体が快適温度に保たれた家は少ない。

　これから家づくりをする人は、三〇年後の暮らしを考えて家を建てるべきだと思う。自分が高齢者になったとき、安心して暮らせる家が必要である。

　生活様式の洋風化にともなって、日本の住宅は大きく変わった。和室は洋室に変わり、和式トイレは洋式トイレに変わった。そして今、日当たりと風通しに快適さを求めてきた日本の住宅は、大きく変わろうとしている。

　アルミサッシが流行したのは、三〇年ほど前のことだ。その頃建てられた家が、今建て替えの時期を迎えている。個別冷暖房の時代は終わり、全室快適な省エネ住宅の時代になるのだ。再び家を建て替えることがないように、三〇年後の暮らしを予測することは意味があると思う。

北欧と日本とでは、省エネ技術に関して三〇年以上の時差がある。北欧などの寒冷地では、長い冬を快適に暮らすために古くから省エネ技術が発達し、そのレベルは年々高められている。省エネ技術とは、断熱・気密・換気によって家全体の温度と湿度を一定に保つ技術である。暖房費は節約され、真冬でも半袖で暮らすことができるのだ。

私は三〇年ほど前に北欧の省エネ技術を学び、平成元年に実験住宅として自宅を建てた。二六年経った今でも浴室にカビは発生せず、快適に暮らしている。蓄熱式床暖房の快適さは格別で、これ以上の暖房方式はほかに考えられない。

平成四年に省エネ法が改正され、新省エネ基準が告示された。だが、新省エネ法は従来の夏型住宅を冬型住宅に一変させるものであり、建築業界に大きな混乱を招く恐れがあった。それは和食の板前にフランス料理を研究させるのと同じで、木造在来工法の大工に北欧の省エネ技術を研究させるのは負担が大きい。大量販売を目指す大手住宅メーカーにとっても、高性能住宅への参加は大きなリスクを伴うことになり、受け入れ難い法律であった。新省エネ法は全国に実施されることはなく、北海道だけに適応された。

北海道では省エネ技術の研究が盛んに行われ、真冬でも半袖で暮らせる家が増えた。アルミサッシが姿を消し、複層ガラスの樹脂サッシが主流になった。そのため、北海道と東京では、省エネ技術について二〇年の時差が生じた。

気候が温暖な関東では省エネ技術は普及せず、高断熱高気密住宅の宣伝だけが独り歩きをしている。ペアガラス窓は普及したが、家全体を快適温度に保つことはできなかった。

外張り断熱工法やソーラーサーキット工法など、さまざまな断熱気密工法が考案され、多くの建築業者が外張り断熱工法を採用したが、夏の暑さに対応できなかった。外張り断熱工法にしたら、かえってクーラーの数が増えたなどの笑い話も残っている。「理想の外断熱」で人気を集めた大手住宅メーカーの野村ホームは、ついに住宅業界から撤退した。

寒冷地と異なり、東京では夏の暑さ対策も必要だ。真夏に二階が暑い家は屋根の断熱が不完全な家だ。熱帯夜の続く都市部では、窓を開けても自然の涼風など得られない。断熱性や気密性が不完全な家でクーラーを使えば、夏型結露が発生する。

夏型結露とは暖かく湿った外気が床下に流入し、床下や壁内部で冷やされて結露現象が起きることである。床下の防湿コンクリートに大量の水がたまった例も少なくない。

土間床工法を採用すれば夏型結露を防ぐことができる。高温多湿の東京で夏も快適に暮らすには、東京の気候風土に適した独自の省エネ住宅が必要だ。

地球の温暖化防止に向けて各国でさまざまな取り組みが始まっている。北欧では地中熱利用の床暖房が普及し、家の中で靴を履かない暮らしが定着した。北欧などの寒冷地では外気温が低いので、エアコンで大気中から熱を集めることはできない。そのため、ヒートポンプを使って地中の熱を集めるのだ。

私は地中熱利用の実用化を目指して勉強を始めた。つくば市の産業技術総合研究所には地中熱利用の研究部門があり、そこで地中熱に関する貴重な資料をいただいた。

地中熱利用のヒートポンプはエアコンに比べて消費電力が少なく、一台のヒートポンプで家全体の暖房と冷房が可能だ。冬は全室床暖房、夏は全館冷房が可能である。いずれ日本でもエアコンに替わって地中熱利用のヒートポンプが普及し、夏も冬も快適に暮らせる省エネ住宅が増えるだろう。

日本は世界でも例をみない高齢化時代を迎えた。日本の住宅は廊下やトイレの幅が狭く、玄関など床の段差が大きい。高齢者にとって決して優しい家とは言えない。しかも夏は二階が暑く、冬は家中が寒い。暖房室と非暖房室との温度差は大きく、心筋梗塞や脳梗塞など家庭内での死亡事故が増えている。バリアフリーとは、床の段差だけでなく、家全体の温度差をなくすことも含まれている。

私は後期高齢者になって多くのことを体験した。その一部を紹介し、一人でも多くの人に役立ててほしいと思う。この本が、これから家づくりをする人に少しでも参考になれば望外の幸せである。

目次

第一章

快適な**省エネ**住宅

省エネ住宅とは

スウェーデンなど北欧では、長い冬を快適に暮らすために、古くから省エネ技術が発達している。省エネ技術とは、建物の断熱・気密・換気によって家全体の温度と湿度を一定に保つ技術である。冷暖房用エネルギーは節約され、真冬でも半袖で暮らすことができるのだ。

日当たりと風通しに快適さを求めてきた日本では、省エネ技術など必要ないと考えられ、断熱材を使用しても家全体が暖かくならなかった。各部屋に暖房器具を備えて、必要な時だけ部屋を暖めていたのだ。暖房室と非暖房室との温度差は大きく、せっかく暖めた部屋も朝方には冷え切って至る所で結露が発生する。アルミサッシは熱伝導率が高く、真っ先に結露が発生する。結露が発生する家は決して快適とはいえない。

昭和四八年と五四年の二度にわたるオイルショックの後に、北海道では断熱材をそれまでの五〇ミリから一〇〇ミリに変更した。だが、灯油の消費量はそれまでと変わらず、断熱効果は得られなかった。それどころか、新築後間もない家の床が次々に腐って落ち

古い茅葺き屋根の家でも最新の窓が取り付けられていた。北欧では窓を取り換えて家を長持ちさせている

スウェーデンの伝統的な大屋根の家

る事故が多発した。その数は三万戸とも五万戸とも報じられた。当時この事件は「なみだ茸《たけ》事件」として社会問題になった。

原因は、中途半端に断熱性や気密性を高めたため内部結露が発生し、木造建築物の有害菌である「なみだ茸」が蔓延して土台や床を腐らせたからだ。それ以来、一〇〇ミリ断熱は結露が発生するとか、グラスウールは結露が発生するなど、悪い噂が全国に広がった。

結露を防ぐ目的で、北海道では各地に高断熱高気密住宅の研究グループが誕生し、北欧やカナダの省エネ技術を研究した。私もいくつかのグループに参加して、毎年のように北欧やカナダを訪れた。

断熱するなら防湿対策
省エネ住宅を造るときのポイント
家を腐らせる結露に注意
断熱住宅 省エネに効果的 安くすむ暖房費
壁内で結露した水が垂れて、かびがはえて腐った土台。この家は1973年に建築、80年に被害が分かった

「なみだ茸事件」を報じた平成４年の新聞記事
（朝日新聞 1992 年 7 月 9 日付より）

地下室付き平屋建ての家

地下室付き２階建ての家

当時、スウェーデンでは省エネ法が改正されたばかりで、街のあちこちで断熱リフォームが行われていた。古いペアガラス窓をトリプルガラス窓に取り換え、屋根や外壁に断熱材を補充していた。北欧では建物の断熱性を高めて家を長持ちさせているのだ。

コンクリート造の四階建てアパートでは外壁のレンガをはがして、古い断熱材の外側に厚さ三〇〇ミリの断熱材を補充していた。これが「外断熱工法」かと、初めて見る光景に目を見張った。北欧は地震がほとんど起きない国なので外断熱工法が可能なのだ。建物の内部では計画換気の取り付けが行われていた。廊下の天井をはがして配管工事が行われていた。

スウェーデンの窓メーカーを訪れたとき、製造する窓の大半が古い建物のリフォーム用であり、新築用の窓は少ないと聞いた。そのため、夏は忙しいが冬は暇なのだとか。そういえば、スウェーデンでもデンマークでも滞在中に新築中の現場を見ることはなかった。カナダではR-二〇〇〇という国家プロジェクトが誕生し、西暦二〇〇〇年までにスウェーデンの省エネ基準に追いつく試みが行われていた。

充填断熱工法の外壁

厚さ 250 ミリの高性能グラスウール

古いコンクリートの建物でリフォームが行われていた外断熱工法の現場

外壁のレンガをはがして断熱材を補充している

スウェーデンでは受注生産で窓を造っていた

北欧では結露防止のため木造住宅の外壁に通気層が設けられていた

高断熱高気密住宅

室内の熱は、床・壁・天井・屋根・窓などから失われる。隙間風によって失われる熱もある。これらの熱損失を最少にするのが断熱技術である。

日本の木造在来工法は夏型で、床下や天井裏に絶えず外気が流入している。しかも壁の中は空洞で、壁の上下は床下と天井裏に開放されている。暖房時には壁内部の空気が暖められて上昇し、室内の熱を逃がしている。外壁に断熱材を充填しても間仕切壁から熱が失われてしまう。家の断熱性を高めるにはこの外気の流通経路を遮断する必要がある。

この問題を解決するために、さまざまな断熱気密工法が考案された。各断熱材メーカーは自社の断熱材を普及させる目的で独自の断熱気密工法を考案し、建築業者への売り込みを始めた。ハウジングアドバイザーの南雄三氏は、全国各地で地元の工務店に向けて外張り断熱工法の説明会を開き、地元の工務店が生き残るには、大手住宅メーカーに先駆けて外張り断熱工法などの断熱工法を採用する必要があると説いた。

エアサイクル工法・ソーラーサーキット工法・アキレス外張り工法など、プラスチック系断熱材メーカーは外張り断熱工法を考案し、施工が簡単なことを強調した。

外張り断熱工法は施工が簡単で、省エネ技術がなくても木造在来工法の気密性を高めることができる。そのため、多くの工務店が外張り断熱工法を採用した。だが、外張り断熱工法は構造体の外側に断熱材を取り付けるので断熱材を厚くすることができない。断熱材を厚くすれば屋根や外壁など外装材を取り付ける釘が長くなり、建物の構造強度が低下する。

北海道・室蘭工業大学の鎌田紀彦教授はスウェーデンで省エネ技術を学び、独自の断熱気密工法を発表した。この工法は「新在来工法」と名付けられ、昭和六二年一月号の「建築知識」にその内容が詳しく紹介されていた。この記事を読んで、私は大きなショックを受けた。私は北海道で行われる鎌田教授のセミナーに参加して、充填断熱工法の手法を学んだ。

北海道では充填断熱工法が普及し、本州

昭和 62 年 1 月号の「建築知識」の表紙。高断熱高気密住宅の記事を読んで、大きなショックを受けた

では外張り断熱工法が普及した。鎌田教授は日本に省エネ技術を広めた第一人者で、当時のテキストを私は今でも大切に保存している。平成一一年に建設省より告示された次世代省エネ基準には、鎌田教授のテキストが基本に使われている。

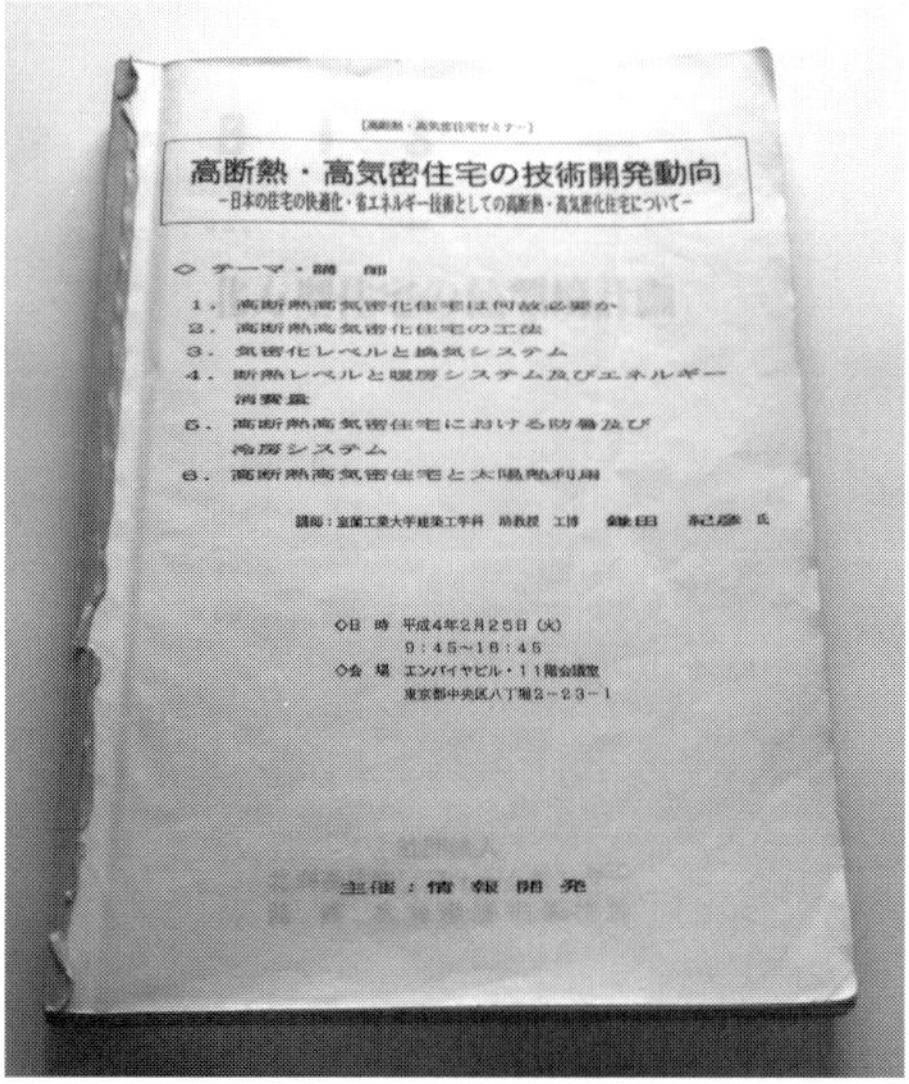

新在来工法

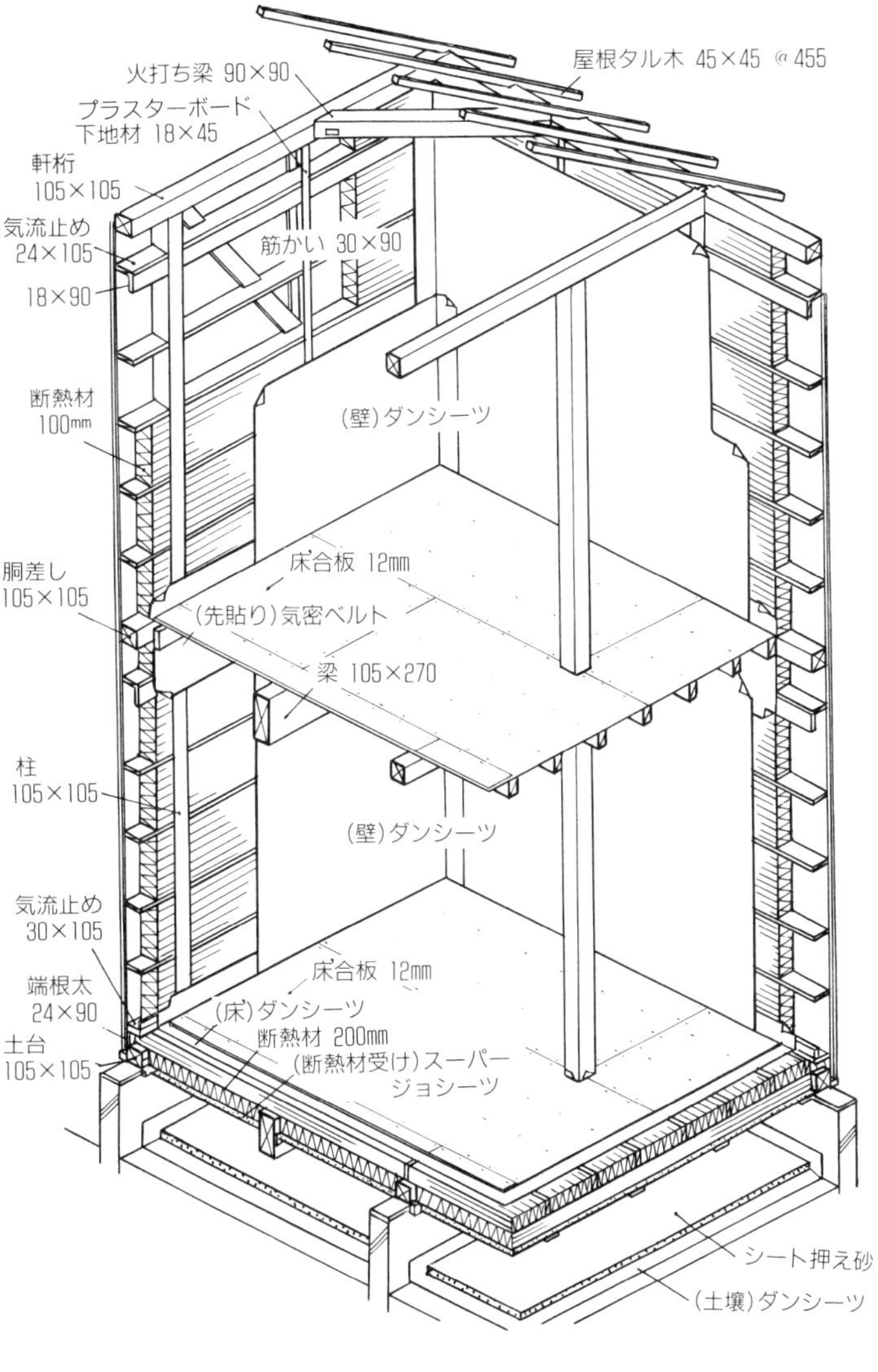

火打ち梁 90×90
屋根タルキ 45×45 @455
プラスターボード
下地材 18×45
軒桁
105×105
気流止め
24×105
18×90
筋かい 30×90
断熱材
100mm
(壁)ダンシーツ
胴差し
105×105
床合板 12mm
(先貼り)気密ベルト
梁 105×270
柱
105×105
(壁)ダンシーツ
気流止め
30×105
床合板 12mm
端根太
24×90
(床)ダンシーツ
断熱材 200mm
土台
105×105
(断熱材受け)スーパー
ジョシーツ
シート押え砂
(土壌)ダンシーツ

建築工法について

建築工法には、木造・鉄骨造・コンクリート造などがあり、建物の規模や使用目的によってそれぞれを正しく使い分ける。鉄骨造やコンクリート造は高層建築や大規模建築には適するが、二階建てや三階建ての小規模住宅では建築費が割高になり、木造建築が適している。また、鉄骨造やコンクリート造は断熱性を高めるには適さない。特に、軽量鉄骨系のプレハブ住宅は気密性や断熱性を高めるのが困難で、高性能住宅を建てるには適さない。

日本ではコンクリート造の建物に内断熱工法が採用されている。内断熱工法とは、外壁や屋根などの内側に断熱材を取り付ける工法で、躯体は外気温の影響を直接受けることになる。夏は熱せられたコンクリートに囲まれ、冬は冷え切ったコンクリートに囲まれて暮らすことになる。マンションの最上階や西日の当たる部屋では、夏は夜中まで暑さが続く。日本は地震が多い国なので、外断熱工法を採用することは難しいのだ。

主な木造建築には木造在来工法とツーバイフォー工法とがある。日本では木造在来工

北米・ツーバイフォー工法の現場

北米・ツーバイフォー工法の現場

法が一般的であり、大工の数も在来工法の大工が圧倒的に多い。一方、ツーバイフォー工法は北米で行われていた木造建築で、日本では枠組み壁工法として認定されている。

かつて私は木造在来工法を勉強し、ツーバイフォー工法には全く興味がなかった。当時は客間を中心とした和風建築が主流で、二間続きの和室と床の間が定番であった。結婚式や葬式も自宅で行われていた。二級建築士の試験問題も、すべて木造在来工法についての設問だった。だが、鎌田教授の新在来工法のセミナーに参加して、考えが変わった。

木造在来工法は柱と梁の軸組工法であり、断熱性や気密性を高めるのは容易ではない。鎌田教授は各階の床を先張りして、ツーバイフォー工法と同レベルの気密性を保つと考えて新在来工法を考案したのだ。それなら、ツーバイフォー工法を採用すれば、断熱性や気密性を高めるのに都合がよい。そこでツーバイフォー工法を勉強するために、北米の建築現場を見学した。

ツーバイフォー工法は柱がなく、床と壁と天井とで箱型を形成する。北米でも過去にサンフランシスコ大地震があり、ツーバイフォー工法は耐震性にも優れていることは実証済みである。阪神淡路大震災でも、ツーバイフォー工法は耐震性に優れていることを証明した。

北米・ツーバイフォー工法の現場

北面に大きな窓を配した寝室

蓄熱式床暖房

戦時中に満州でオンドルの暖かさを体験した愛媛県松山市の越智氏（故人）は、帰国後、試行錯誤の上に蓄熱式床暖房の実用新案特許を取得した。私は松山市に越智氏を訪ね、越智式床暖房の特許使用契約を交わした。当時、日本にはペアガラスはなく、アルミサッシを二重にしたペアサッシを使用していた。

越智氏は土間床工法の特許も取得していた。土間床工法とは、基礎の内側を全面土で埋め尽くし、その上をコンクリートで仕上げる工法で、床下に空気層がない。土間床工法は地熱の影響で、夏はひんやりと、冬は暖かく感じられる。関東周辺では地熱は一六℃前後あり、室温の安定に役立つ。土間床工法は床下の断熱と防湿を兼ね備えた優れた基礎工法である。

土間床工法を利用して本格的な床暖房の家ができる。床のコンクリートに温水パイプを配管し、その上をモルタルで仕上げれば蓄熱式床暖房ができあがる。温水パイプは継ぎ目のない高分子の樹脂パイプで、故障の心配もなく、耐久性は半永久的である。朝夕

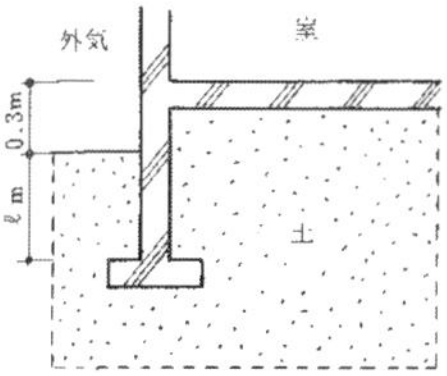

（a）土間床（無断熱）

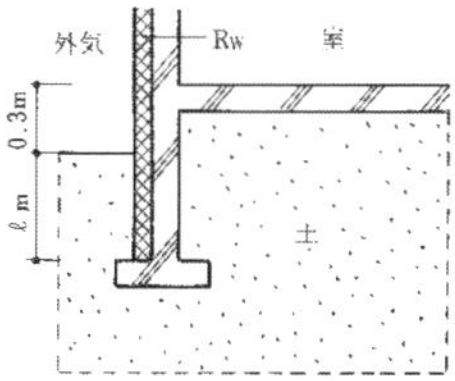

（b）土間床（基礎断熱）

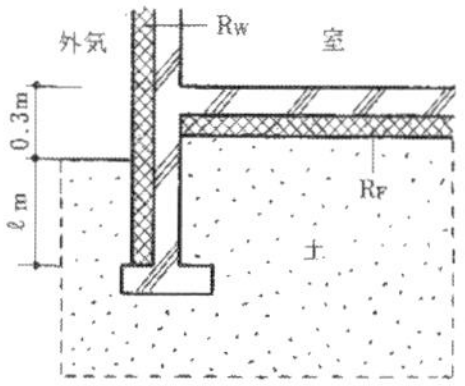

（c）土間床（基礎・土間下断熱）

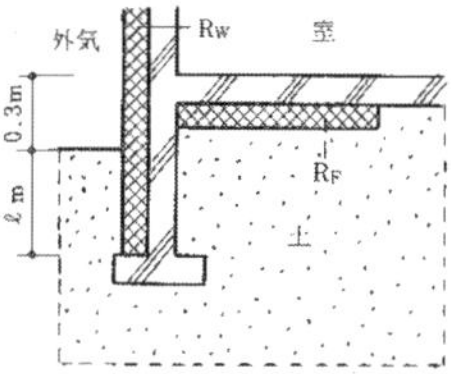

（d）土間床（基礎・土間下外周部断熱）

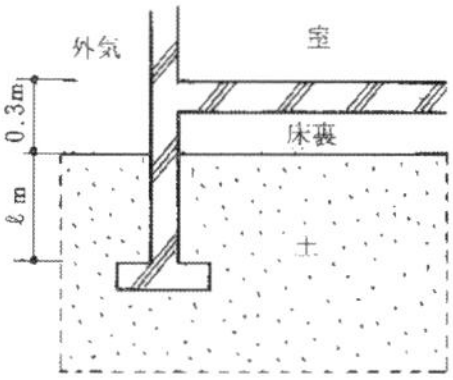

（e）外気に通じない床裏を持つ床（無断熱）

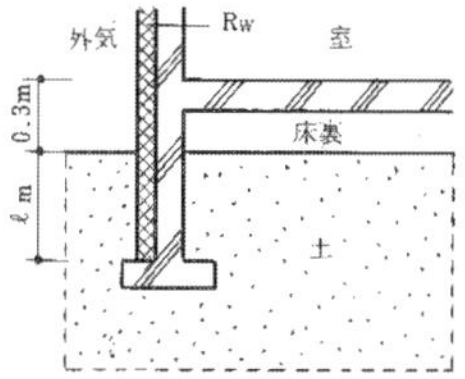

（f）外気に通じない床裏を持つ床（基礎断熱）

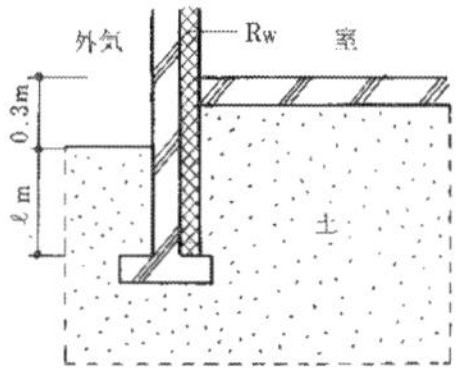

（g）土間床（基礎内断熱）

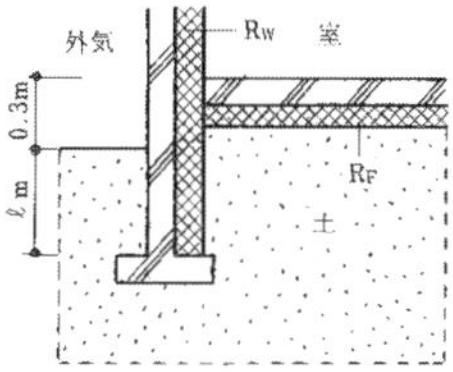

（h）土間床（基礎内断熱・土間下断熱）

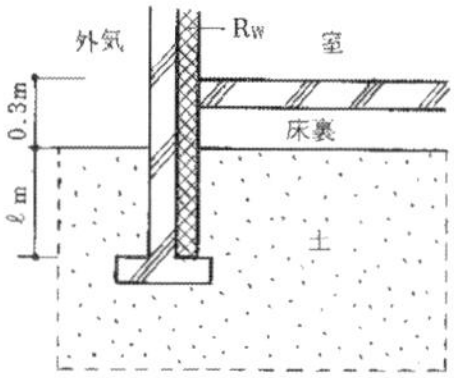

（i）外気に通じない床裏を持つ床（基礎内断熱）

土間床工法の図

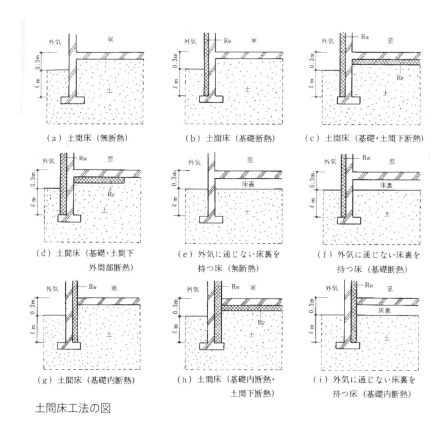

二時間、給湯器で温水を送るだけで床が冷えることはなく、家全体を二四時間快適温度に保つ。

日本では床暖房が不経済な暖房方式だと考えられているが、それは家の断熱性が悪いからである。床下を換気する布基礎の家では、床暖房の熱は大半が床下から失われる。床暖房を設備するには家の断熱性が何よりも大切なのだ。

私は越智式床暖房をウェルダンと名付けて機会あるごとに建て主に勧めた。だが床暖房の快適さを知らない建て主は何の興味も示さなかった。それどころか、パイプの水が漏れたらどうするのかとか、床下が湿気ないのかなど、散々悪口を浴びせられた。中には、床暖房は低温やけどをすると言う人もいた。

人には誰でも先入観があり、新しい情報には否定的に反応する。自分の常識が間違っていたなどと認めることは、難しいことなのだと思った。

土間床工法の建築現場

蓄熱式床暖房の配管

実験住宅の自宅を建てる

平成元年、私は日野市に宅地を購入し、実験住宅として自宅を建てることにした。北欧で学んだ省エネ技術を実際に試してみたかったのだ。そして何よりも自分が床暖房の家に住んでみたかった。それは省エネ住宅と蓄熱式床暖房とを組み合わせた初めての試みである。さっそく設計に取りかかった。

建築工法はツーバイフォー工法を選んだ。ツーバイフォー工法は各階の床を先張りするので、建物の気密性を高めるには都合がよい。屋根裏部屋を居室として利用するにはツーバイフォー工法が適している。私はツーバイフォー工法を手掛けるのは初めてだった。木造在来工法を手掛ける大工を五名ほど連れて、北米の建築現場を訪れた。

基礎は土間床工法を採用し、基礎の外周面に硬質ウレタンフォームを外張りした。床のコンクリートに三菱樹脂製の温水パイプを配管した。温水パイプは継ぎ目のない高分子の樹脂パイプで、耐久性は半永久的である。当時は灯油が安かったので、長府製作所の灯油給湯器を使った。

工事中の自宅

窓はマーヴィン社のペアガラス木製サッシを使った。マーヴィン社はミネアポリスとカナダとの国境近くにあり、高級な木製サッシのメーカーとして知られている。マーヴィン社は受注生産のため、窓の納入には三カ月を要した。アメリカの窓はデザインが豊富で、すべての窓に網戸がついている。私のお気に入りはボウウインドウと呼ばれる湾曲出窓である。

玄関ドアはデンマーク製の防音断熱ドアを採用した。厚さ八〇ミリ、重さ九〇キロの木製ドアはいかにも重厚で、百年住宅にふさわしかった。

計画換気はスウェーデン・フレクト社の熱交換換気システムを採用した。当時、日本に計画換気システムはなく、フレクト社を訪れて計画換気システムの技術指導を受けた。当時、スウェーデンでは熱交換換気方式が流行していた。宿泊したホテルにもフレクト社の換気システムが設備されていた。

外壁には密度一六キロの高性能グラスウールを充填した。高性能グラスウールは関東で使われている密度一〇キロのグラスウールに比べて断熱性が高く、発砲プラスチック系断熱材に比べて価格は安い。北海道ではさらに断熱性の高い密度二四キロや三二キロのグラスウールが使われている。

工事中の自宅

工事中の自宅。蓄熱式床暖房の配管

私は三〇年後の暮らしを考えて、床の段差にはこだわった。一般に日本の家は玄関の土間と床との段差は二四センチ程度ある。しかも玄関の土間は狭い。これでは車椅子での出入りは困難だ。車椅子での出入りを考えれば、土間と床の段差は一〇センチ以下にすべきだ。私は上り框の高さを九センチに設定した。

階段の蹴上げ高さは二〇センチ以下が望ましい。ツーバイフォー工法と木造在来工法とでは、階高に約四〇センチ程度の差がある。ツーバイフォー工法では、階段は一三段必要であるが、一般的な木造在来工法では階段の段数は一五段必要となる。高齢者にとって段数は少ない方がよい。階段の踏み面は二五センチ以上が必要だ。ツーバイフォー工法なら二五センチ×一二段で直線階段なら三メートルだが、木造在来工法では二五センチ×一四段で三・五メートルとなる。一般的な小住宅で階段の長さを確保するのは容易ではない。階段は直線階段とし、将来、階段昇降機を付けることを考えて、階段の近くにコンセントを配線した。階段昇降機はエレベーターに比べて設備費が安く、余分なスペースも必要ない。

廊下や階段の幅は芯々で一メートルは必要だ。芯々で三尺だと廊下や階段の有効幅は七八センチ程度となり、片側の壁に手すりをつければ、さらに狭くなる。私は階段の手

工事中の自宅

すりにくり棒タイプを選んだ。これだと階段の壁に手すりは不要となる。

二階の廊下と居室の床はじゅうたん敷きとした。二階の足音を少しでも緩和するためだ。階段の踏板もじゅうたん敷きとした。湿度が一定に保たれているので、じゅうたんでもダニは生息しない。

私は毎日現場に通うのが楽しかった。休憩時間には職方たちとの会話を通して、その人柄に触れることができた。彼らの体験談は、私の設計に役立つことも多かった。

試行錯誤の末、実験住宅は思い通りに完成した。蓄熱式床暖房の快適さは満足すべきものだった。朝夕二時間、給湯器で温水を送るだけで家全体が暖かい。昼と夜との温度差も少なく、浴室も廊下も便所も暖かい。暖房費は驚くほど安く、灯油換算で月に一万円程度であった。

職方たちを招いての自宅の完成祝い

住宅展示場に出展

自宅が完成した翌年、私は総合住宅展示場にモデルハウスを出展することを決意した。省エネ住宅を普及させるには、一人でも多くの人々に省エネ住宅の快適さを体験してもらう必要がある。

立川市には首都圏最大の住宅展示場がある。展示場の主催者は、知名度のない小会社がモデルハウスを出展することに不安を抱いた。モデルハウスの出展料は毎月一八〇万円ほどかかる。過去にも出展料を払えず倒産した建築業者がいたからだ。私は大手住宅メーカーとは価値観の異なるモデルハウスを建てることを担当者に説明し、ようやく出展を許可された。

モデルハウスの出展には保証料のほかに、モデルハウスの建設費や家具調度品など約八〇〇〇万円もの費用が必要だ。しかも契約が取れる保証はない。それは設立後間もない小会社にとって大きな賭けであった。だが、私には自信があった。

大量販売を目指す大手住宅メーカーは高性能住宅への参入はしないだろう。無資格の営

平成２年に建てた当社のモデルハウス

業マンが省エネ技術を勉強することはないだろう。下請け制度の下では、職人に技術指導をすることはできないだろう。そんな思いで、モデルハウスを出展した。

寒冷地と異なり、東京では夏の暑さ対策も必要だ。東京の気候風土に適した省エネ住宅を普及させるという大きな夢に、私はわくわくする思いで設計に取りかかった。

建築工法はツーバイシックス工法を採用した。ツーバイシックス工法はツーバイフォー工法の一種で、外壁の断熱材を一四〇ミリ充填できる。私は外壁に密度一六キロの高性能グラスウールを充填した。さらに、外壁材に厚さ三七ミリの軽量気泡コンクリート板を外張りした。軽量コンクリート板は断熱性があると信じていたからだ。

屋根の断熱は夏の日射に耐えるため、外壁に比べて約二倍の断熱性が必要である。私は屋根面に二四〇ミリの高性能グラスウールを充填し、屋根材と断熱材の間に通気層を設けた。この工法は屋根の通気工法と呼ばれ、夏の暑さ対策に効果的だ。屋根裏の温度は夏でも上がらず、屋根裏を居室として利用できる。

基礎は土間床工法を採用し、基礎の外周面に厚さ五〇ミリの硬質ウレタンフォーム断熱材を外張りした。土間床工法を利用して温水式床暖房ができる。住宅展示場には都市ガスが引かれていなかったので、長府ボイラーの灯油給湯器を使った。

窓はデンマーク製のトリプルガラス木製サッシを採用した。北欧の窓は北米の窓に比べて気密性も断熱性も高い。北欧の窓は回転式や開き窓が多く、網戸はなかったが、計画換気があるので窓を開け放して暮らすことは少ないだろう。

玄関ドアはデンマーク製の防音断熱ドアを使った。重厚なそのドアは、いかにも百年住宅に相応しいドアに思われた。気密測定の結果は、相当隙間面積（C値）一・〇以下であった。私の自宅に比べて、断熱性も気密性も格段に向上した。

平成三年四月、モデルハウスは完成した。折からの好景気に支えられ、大勢の来場者が訪れた。五月の連休にはたくさんの家族連れで賑わった。だが、高断熱高気密住宅には何の興味も示さなかった。

玄関にスリッパがないことの不満を口にする人もいた。土間床工法は、夏はひんやりと、冬は暖かく感じる。スリッパをはいたままでは体験できない。私はスリッパを置かない理由を、その都度説明した。玄関の上り框が低いことを指摘する人も多かった。そこで、私は車椅子を買ってきて玄関に置いた。

木製サッシは結露しないのかとか、ガラスが割れたらどうするのかなど、ネガティブな質問が続いた。大手住宅メーカーの営業マンでさえ、東京でペアガラスなど必要ないと、私を嘲笑った。

私は窓メーカーに依頼して、単板ガラスとペアガラスとＬＯＷ‐Ｅガラス窓から失われる熱を体験できる実験ボックスを作った。これを体験した見学者は、ガラスによる熱損失の違いを手のひらで感じて理解した。

冬になると様子は一変した。全国各地から当社のモデルハウスを目当てに訪れる人が増えた。北海道以外で高断熱高気密住宅のモデルハウスはなかったからだ。中には建築士を伴って見学にくる建て主もいた。

蓄熱式床暖房の快適さは体験しなければ理解できない。それは料理の味と同じで、説明してもおいしさは伝わらない。蓄熱式床暖房は床面が温かいのではなく、家全体が春のような暖かさである。暖房器具の温かさではなく、自然な暖かさである。床面の温度は二六℃前後だが、壁も天井も家具も室温と同じ二〇℃前後である。

各室に暖房器具はなく、浴室もトイレも廊下も暖かい。暖かいというよりも、暑さ寒さを感じない温度が快適温度だと思う。見学者がモデルハウスを出たとき、外の寒さに驚く様子に私は快感を覚える。

山梨県身延町の望月氏は図書館で私の著書を読み、家族全員でモデルハウスを訪れた。

望月邸の棟上げ。身延町では昔ながらの餅まきが行われた

望月氏は床暖房の快適さを体験し、満足して帰って行った。数日後、望月氏は大工さんを連れてモデルハウスへやってきた。大工さんは望月氏の親せきで、隣に住んでいるという。私は望月氏と設計契約を交わし、望月氏は大工さんと建築工事請負契約を交わした。このように、遠隔地の場合には、設計と施工を別の業者に依頼することもある。大工さんの技術指導に度々建築現場を訪れた。身延町までは片道三時間の道のりだった。

広島市からはキム氏という一級建築士が見学に訪れた。建て主に設計を依頼されて、省エネ住宅の快適さを体験するためだ。私はキム氏に松山市の越智氏を紹介し、キム氏は越智式床暖房の特許使用契約を結んだ。その後、キム氏とは鎌田教授のセミナー会場でたびたび顔を合わせるようになった。

新省エネ基準

平成四年に省エネ法が改正され、新省エネ基準が告示された。地域ごとに断熱性や気密性の基準値が示され、日当たりと風通しに快適さを求めてきた日本の住宅は、北欧型の省エネ住宅を目指すことになった。

当時、北海道では高断熱高気密住宅の研究が始まっていた。木造在来工法の気密性を高めるために各階の床を先張りし、断熱材の室内側に防湿シートを先張りしていた。断熱材の外側に透湿シートを張り、結露を防ぐために外壁や屋根に通気層を設けていた。建築中の現場では気密測定が行われ、相当隙間面積（C値）

住宅の新省エネ基準と指針

一平方センチ以下を目指していた。計画換気が導入され、熱交換換気システムと冷暖房設備を組み合わせた機種が人気を集めていた。

アルミサッシに替わって複層ガラスの樹脂サッシが普及し、真冬でも半袖で暮らせる家が戸建て住宅の一五パーセントに達していた。北海道の建築業者にとって新省エネ基準は当然の内容であり、容易に受け入れることができた。

気候が温暖な関東以西では省エネ住宅など必要ないと考えられ、新省エネ基準の実施には多くの建築業者が難色を示した。当時はアルミサッシが全盛の頃で、結露が発生しても気にする人はなかった。気密測定を行う住宅メーカーはなく、東京で計画換気など必要ないとの考えが一般的だった。輸入住宅大手のS社でさえ、計画換気はオプション工事として扱われていた。

新省エネ基準ではそのことに配慮して、北海道とそれ以外の地域で基準値に差をつけた。気密性の基準では北海道ではC値を二平方センチ以下に、それ以外の地域ではC値を五平方センチ以下に設定した。相当隙間面積五平方センチの家は気密住宅と呼ぶには隙間が多すぎるが、コンセントの穴から隙間風が吹き込む家はさらに隙間だらけで、気密測定などできる状態ではなかった。

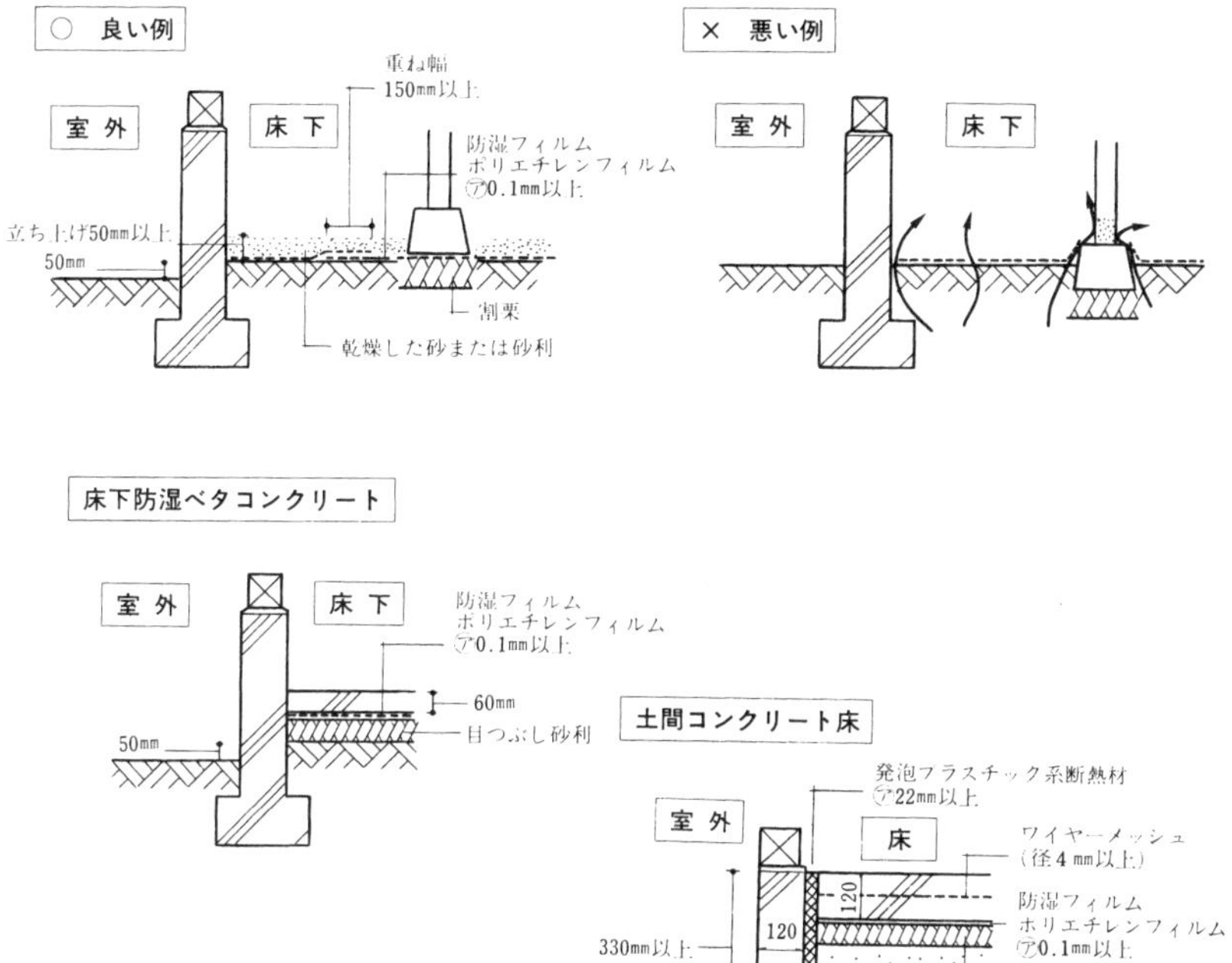

床下地盤の防湿工法（平成４年に告示された「新省エネ基準」より）

開口部の基準では北海道では空気層一二ミリのトリプルガラス窓、または低放射ガラスにアルゴンガスを封入したペアガラス窓が規定された。窓枠には木製サッシまたは樹脂サッシが指定され、アルミサッシは使用不可となった。

新省エネ基準では土間床工法の優れた特性が紹介され、床下を換気する従来の布基礎が悪い例として示されている。これは建築基準法とは異なる見解であり、新省エネ基準を実施すれば、建築業界は混乱を招く恐れがあった。大手住宅メーカーの中には、床下換気口が他社よりも大きいことを自慢しているメーカーもあった。

土間床工法の特許を取得した越智氏は、松山市で建築確認申請をしたが、床下換気口がないことを理由に、申請を却下されたことがある。越智氏は激怒して建築指導課の役人と論争の末、やっとの思いで建築許可を認可されたという。

新省エネ法は全国に実施されることはなく、北海道だけに適応された。関東以西の建築業者はほっと胸をなでおろした。北海道では充填断熱工法が普及し、本州では外張り断熱工法が流行した。その結果、北海道と東京では省エネ技術に関して二〇年の時差が生じた。

帝国ホテルで行われた某アルミサッシメーカーの新年会に招待されたことがある。来賓席には自民党の国会議員や都市銀行の頭取の顔がずらりと並んでいた。駐日米国大使も主賓として招かれていた。年頭の挨拶で宮澤喜一大蔵大臣（当時）は、「昨年は△△工業様には多額なご寄付を戴きまして」と礼を述べた。

関東でアルミサッシが使用不可になることはないだろうと確信した。

平成６年に主婦と生活社から出版された「高断熱高気密住宅」の特集号。この本の発売により、外張り断熱工法が大流行した

第二章

日本の**気候風土**に適した家とは

次世代省エネ基準

平成一一年に次世代省エネ基準が告示され、全国で実施された。これにより、日本の夏型住宅は北欧型の省エネ住宅を目指すことになった。日当たりと風通しに快適さを求めてきた日本の住宅は、断熱・気密・換気によって快適に暮らすことになった。

次世代省エネ基準には地域ごとに熱損失係数の基準値が定められ、北海道では熱損失係数（Q値）一・六以下に、関東ではQ値二・七以下に定められた。

北海道では窓の熱還流率（U値）は二・三三以下に、関東地域では四・六五

平成11年に告示された
「次世代省エネ基準と指針」のテキスト

以下に定められた。だが、この基準は北欧の省エネ基準に比べて断熱性が低いので、いずれ日本でも北欧の基準に近づくだろう。ドイツでは窓の熱還流率を〇・九五以下に設定している。

次世代省エネ基準の告示により、外張り断熱工法は時代遅れの工法になった。外張り断熱工法では断熱性の基準を満たすことができないからだ。木造住宅には充填断熱工法を採用し、必要な断熱性を確保すべきである。

次世代省エネ基準では、構造体の熱橋（ヒートブリッジ）による熱損失を考慮することが求められている。

鉄骨系建物は鉄骨の接合部分からの熱損失が大きく、鉄骨部分の断熱方法もない。

次世代省エネ基準には建物の気密性についても基準が定められている。北海道と東北地域では相当隙間面積（C値）が二平方センチ以下に、関東ではC値が五平方センチ以下に定められた。例えば、床面積二〇〇平方メートルの家で、隙間の合計が一〇〇〇平方センチ以下であれば気密住宅なのだ。隙間の合計が一〇〇〇平方センチの家は高気密住宅と呼ぶには隙間が多すぎるので、東京でもC値一平方センチ以下にすべきだと思う。私は工事中の現場ごとに気密測定を行い、C値を一平方センチ以下に設定している。

次世代省エネ基準には計画換気の必要性について触れている。必要な換気量を住宅全体で毎時〇・五回以上とすることを設計条件にしている。この数値は各国共通の数値である。

次世代省エネ基準には土間床工法が優れた基礎工法として紹介されている。反対に、床下を換気する従来の布基礎が悪い例として示されている。土間床工法とは、基礎の内側を土で埋め尽くし、その上をコンクリートで仕上げる工法で、北欧などの寒冷地では古くから行われている。土間床工法は床下の断熱と防湿を兼ね備えた優れた基礎工法で、私は三〇年ほど前からすべての家に土間床工法を採用している。

結露を防ぐには

冬の朝、窓ガラスが曇ったり水滴が付くのが結露だ。浴室の壁や天井に水滴が付くのも結露だ。結露はシロアリを繁殖させ、土台を腐らせるので、絶対に防がなければならない。第一、結露が発生する家は決して快適とは言えない。

結露の正体は水である。水を温めると水蒸気が発生し、水蒸気を冷やすと元の水に戻る。だから夕方暖めた部屋も、朝方に冷えてしまえば結露が発生するのだ。

高温多湿の日本でも冬はからから天気が続く。だから冬の結露は気候風土のせいではなく、人口結露である。人の吐く息には大量の水蒸気が含まれている。ガスや石油のストーブからも大量の水蒸気が発生する。これらの水蒸気が冷やされて結露現象が起きるのだ。

室内の温度と湿度を一定に保てば結露は発生しない。つまり、家の断熱性を高めて換気をすればよいのだ。つねに一定量の換気をするには、計画換気が必要である。相対湿度は室温に反比例するので、室温を一定に保てば湿度も安定する。

寒冷地と異なり、関東では夏型結露についても対策が必要だ。夏型結露とは、暖かく湿った外気が壁や床下などで結露現象を発生させることである。断熱性や気密性を中途半端に高めると、夏型結露も冬型結露も発生する。

高温多湿の東京では、布基礎の換気口から暖かく湿った外気が流入し、床下で冷やされて大量の結露が発生する。建築の専門誌には床下に大量の水がたまる例がたびたび報告されている。中には床下にバケツ六杯もの水がたまった例も報告されている。

原因は、床下の断熱が不完全なことと、床下換気口から湿った外気が流入することにある。このような家でクーラーを使えば床面に冷気がたまり、床板の裏側に大量の結露が発生する。床下換気口は何のために

結露防止ガイドブック

必要なのかを考える必要があると思う。

この問題は土間床工法を採用し、基礎の外周面で断熱することで解決できる。

土間床工法は床下に空気層がなく、外気が流入することはない。床下からの湿気を心配する人もいるが、私の自宅では土間床のコンクリートにじゅうたんを直貼りしている。室内の湿度は一定に保たれているので、床のじゅうたんが湿気ることはない。

温度湿度計

計画換気について

室内の湿度を一定に保ち、良好な室内環境を保つには計画換気が必要である。日本では「二四時間換気」などと呼ばれているが、欧米では「計画換気」である。

計画換気は、各居室に新鮮な空気を取り入れ、炭酸ガスや水蒸気など汚れた空気を浴室やトイレなどから集めて排気する。浴室にも結露は発生せず、カビも繁殖しない。

換気方式には第一種換気と呼ばれる熱交換型換気方式と、第三種換気と呼ばれる排気型換気方式とがある。北欧などの寒冷地では、二〇年ほど前までは熱交換換気方式が奨励されていたが、家の断熱性が高まるにつれ、熱交換をするメリットが失われた。最近は排気型換気方式が奨励され、熱交換換気方式は過去のものとなった。

排気型換気方式は、排気側に換気扇を取り付け、浴室やトイレなどから汚れた空気をダクトで集めて機械換気とする。各居室には吸気口を取り付け、自然吸気とする。

排気型換気方式は設備費が安く、後々の手入れも簡単だ。換気によって失われる熱はわずかで、寒冷地でも室温を一定に保つことができる。

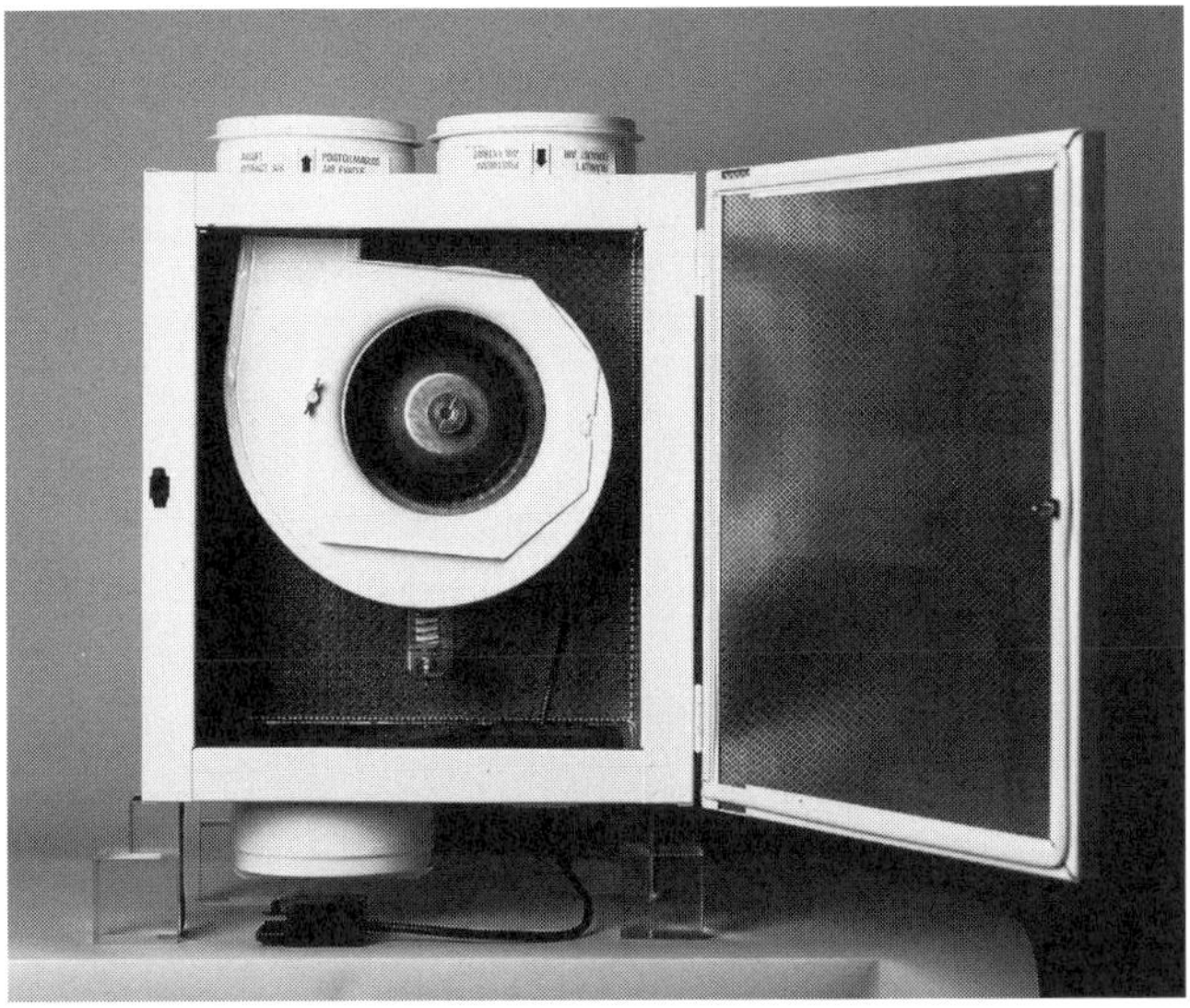

排気型計画換気の本体部分

排気型計画換気の吸気口

成人一人には毎時約三〇立方メートルの新鮮空気が必要である。四人家族の家では毎時一二〇立方メートルの換気が必要である。だが家族構成は将来変わるので、建物の気積で換気量を設計する。換気量の目安は家全体の気積を毎時〇・五回換気することとする。例えば、床面積二〇〇平方メートルの家では毎時二五〇立方メートルの換気が必要となる。

日本では建物の気密性を高めるから換気が必要だと考えられているが、実際はその逆で、常に一定量の換気をするために建物の気密性を高めるのだ。隙間だらけの家では、風向きや風速によって換気量が左右されるため、部分的な換気はできても家全体の換気を行うことはできない。

計画換気の説明をしていると、「この家は停電になったらどうなるのか」と質問する人がいる。「あなたの家と同じ状態になる」と私は答える。計画換気が止まったからといって、窒息して死ぬことはない。むしろ停電で困るのは換気ではなく、冷蔵庫の中身であり、冷暖房設備である。夜間なら家中が真っ暗になることであり、テレビを見ることもできない。

幸い、私の家では停電の経験がない。なぜなら、電気料金をきちんと払っているからだ。北欧の計画換気にはオン・オフのスイッチがない。冷蔵庫と同様に換気扇を止める習慣がないからだ。日本では計画換気システムにスイッチを付けないと売れないという。排気型換気システムの電気代はわずかで、四〇ワットのもので月に三〇〇円程度である。誰かが冷蔵庫のことを二四時間冷蔵庫と呼べば、違和感があるに違いない。

かつて日本では、熱交換換気方式と冷暖房設備を組み合わせた機種が人気を集めていた。この方式は吸気側も排気側もダクトを用いた機械換気で、設備費が高かった。しかもダクト内の汚れが新鮮空気に混入し、居室に不快な臭いを運ぶ。これらの家では、換気システムが故障すると暖房も冷房も使えない。大手電機メーカーの中には、これらの機種をすでに製造中止にしている企業もある。今後は部品の交換が難しくなるかもしれない。

換気と冷暖房は目的が違うので、設備を組み合わせるべきではない。暖房も冷房も換気も、設備はシンプルなほうがよいと思う。

私は、暖房は低温で快適な床暖房、冷房は各階に一台の家庭用クーラー、換気は排気型換気方式と、各設備を独立して設備するのがよいと思う。

開口部の断熱

窓などの開口部は熱が最も失われやすい部位である。単板ガラス窓からは短時間に大量の熱が失われる。したがって、壁の断熱材を厚くするよりも窓ガラスを三重にすることの方が大切だ。

窓枠からも熱が失われる。アルミサッシは熱伝導率が高いので、木製サッシか樹脂サッシを使う。日本では木製サッシを製造する企業がなく、輸入木製サッシに頼るしかなかった。だが、最近では日本でも高性能の樹脂サッシが普及し、輸入木製サッシの中には、日本から撤退する窓メーカーもある。今後は部品の交換などに支障をきたすこともある。

北欧と日本では、窓の断熱性に関して三〇年以上の時差がある。窓の断熱性能は熱還流率（U値）で表し、数値の少ない方が性能は高い。ドイツではU値〇・九五以下に、北米ではU値一・七〇以下に定められているが、日本の次世代省エネ基準では北海道でU値二・三三以下に、関東ではU値四・六五以下に定められている。いずれ日本でも省エネ法が改正され、欧米並みの性能が求められることだろう。ならば、これから家を建てる人は、できるだけ最新の高性能窓を採用すべきだと思う。

これまで私は北欧や北米の木製サッシを採用していたが、最近は日本でも高性能の樹脂サッシが開発されている。特に、ＹＫＫＡＰから発売されているＡＰＷ四三〇というシリ

YKKAP の APW430 シリーズ

ーズはU値〇・九一を実現した画期的な窓である。LOW-Eガラスのトリプルガラスにアルゴンガスを封入した樹脂サッシは、世界でもトップクラスの性能を有する。

このシリーズには日射遮蔽型と日射取得型の二タイプがあるが、東京など温暖地では日射取得のメリットは少なく、日射遮蔽型を採用する方がよいと考える。特に西向きの窓には日射遮蔽型窓を使用すべきである。（YKKAPショールーム新宿TEL：〇三-五三〇二-一四三四）

家の居住性は窓の性能に大きく左右される。壁の断熱性を云々するよりも、窓の断熱性能を高めることが重要だ。これから家を建てる人は、将来の暮らしを考えて最新のトリプルガラス窓を採用すべきだと思う。

高性能住宅では西日に対して特別な配慮が必要だ。西日が当たると室内環境が悪化する恐れがあるからだ。輸入住宅大手のS社が建てた家では、夏になると西側の窓によしずを立て掛けた光景を多く見かける。トリプルガラス窓の家で西日が入ると家全体が地獄のような暑さに包まれる。これはS社の営業マンが高性能住宅の設計に不慣れであったからだと思う。

北米では北向きの家がよいとされている。大切な家具に直射日光が当たらないためだ。

だから大きな窓は北向きに設計する。

北欧でも南向きに家を建てる風習はない。スウェーデンでは冬は太陽が昇らないので、家の向きはどちら向きでも関係ないのだ。彼らは日本の家がなぜ南向きなのかを理解できなかった。

日本では屋根裏部屋が人気で、天窓を付ける家も多い。天窓を南面の屋根に取り付けている家を見かけるが、夏はさぞかし二階が暑いだろう。なぜなら、屋根裏部屋と二階の間には断熱材がないからだ。天窓は北面の屋根に設計すべきである。真夏の太陽は真上から照らされるので、緩やかな屋根勾配の家では北面の屋根に天窓を取り付けても直射日光が差し

屋根裏部屋に付けた天窓の例

込む。天窓は急勾配の屋根に取り付ける方がよい。

玄関ドアも断熱気密ドアを採用する。引違いの引き戸は気密性が低く、高性能住宅には不向きである。輸入ドアではガデリウスのスウェーデンドアが日本でも実績があり、私は長年スウェーデンドアを愛用してきた。最近は日本製でもＬＩＸＩＬやＹＫＫＡＰから高性能の玄関ドアが発売されている。断熱性だけでなく、防犯対策として二ロックのドアを選ぶことも大切だ。（ＬＩＸＩＬショールーム立川　ＴＥＬ：〇四二‐五三八‐一九三四）

暖房方式について

暖房方式は時代とともに変わる。三〇年前に北欧を訪れたとき、スウェーデンでもデンマークでも床暖房はなかった。各家庭には温水式パネルヒーターが窓下に設備され、窓からの冷えた空気が床にたまるのを防いでいた。北欧では家の中で靴を履いて暮らすので床暖房は必要なかったのだ。

私が越智式床暖房の話をすると、技術者たちは蓄熱式床暖房に興味を示した。彼らは室内の過乾燥に悩んでいた。蓄熱式床暖房は過乾燥を防ぐのに効果がある。私は得意になって蓄熱式床暖房のメリットを自慢した。

北欧の温水式パネルヒーター

最近は北欧でも蓄熱式床暖房が普及し、家の中で靴を履かない暮らしが定着しつつある。北欧などの寒冷地では、暖房時に室内が異常に乾燥する。泥水で汚れた靴も室内で急速に乾き、歩くたびに室内に土埃が舞い上がる。この問題を解決するために床暖房が普及したものと思われる。それは越智式床暖房と全く同じ床暖房であった。越智氏が存命であれば、どんなに喜ぶことだろう。

高断熱高気密住宅では、冷え切った部屋を急速に暖めるための暖房設備は必要なく、換気によって失われる熱を補う程度の熱があればよい。換気によって失われる熱はわずかで、換気をしても室温はほとんど下がらない。

低温で足元から暖かい床暖房は理想的な暖房方式である。中でも、蓄熱式床暖房は経済的な床暖房である。朝夕二時間、給湯器で温水を送るだけで床が冷えることはなく、暖かさが長時間持続する。一階の床に温水パイプを設備するだけで二階も暖かく、他の暖房設備は一切必要ない。エアコンに比べて暖房費は安く、これ以上の暖房方式は他に考えられない。

日本では床暖房が不経済な暖房方式だと考えられているが、それは家の断熱性が不完全だからである。家の断熱性を高めれば床暖房が経済的な暖房方式になるのだ。

温水式床暖房のガス給湯器

冷え切った床を暖めるといった考えでは床暖房の快適さは得られない。床暖房は家全体の暖かさを保つために設備するのだ。

天井付近は暖かくても足元が寒ければ不快だ。エアコンなどの温風暖房では暖かい空気が天井付近にたまり、冷えた空気が足元にたまる。天井付近は三〇度近くあっても、足元が一五度前後の家もある。エアコンの風は快適ではなく、臭いも音も気になる。

快適温度は周囲の温熱環境によって異なる。エアコンなどの温風暖房の家では、室温が二五度以上でないと暖かさを感じないが、床暖房など輻射暖房の家では室温が二〇度前後で快適だ。それはまさに春の暖かさであり、自然な暖かさである。

相対湿度は室温に反比例するので、冬の過乾燥を防ぐには室温を二〇度前後に保つことが望ましい。エアコンなど温風暖房の家では加湿器が必要になるが、床暖房の家では加湿器は不要である。

ドイツのホテルではペアガラス窓と単板ガラス窓を
組み合わせていた

夏の暑さ対策について

真夏に二階が暑い家は、屋根の断熱が不完全な家だ。屋根の断熱は、冬よりも夏の暑さに対して重要だ。屋根の断熱は長時間の日射に耐えるため、外壁に比べて約二倍の断熱性が必要である。だが、木造住宅の屋根に厚さ二八〇ミリの断熱材を充填するのは容易ではない。

屋根裏を居室として利用する場合には屋根面で断熱し、それ以外は天井断熱とする。天井断熱なら断熱材の厚さを自由に増やすことができる。スウェーデンでは木造住宅の天井に厚さ五〇〇ミリの吹き込み用グラスウールが充填されていた。

一般に、熱抵抗値の高い断熱材ほど価格は高い。限られた予算の中で家全体を快適温度に保つには、どの部位にどの断熱材を使うのかなど、建築士の知識と経験が必要だ。

木造在来工法の床下は根太や大引きが縦横に交差して、断熱材を連続させるのが困難な部位である。真夏には断熱材の途切れた部分で結露現象が発生する。

この問題を解決するには土間床工法を採用するのが一番だと私は考える。土間床工法

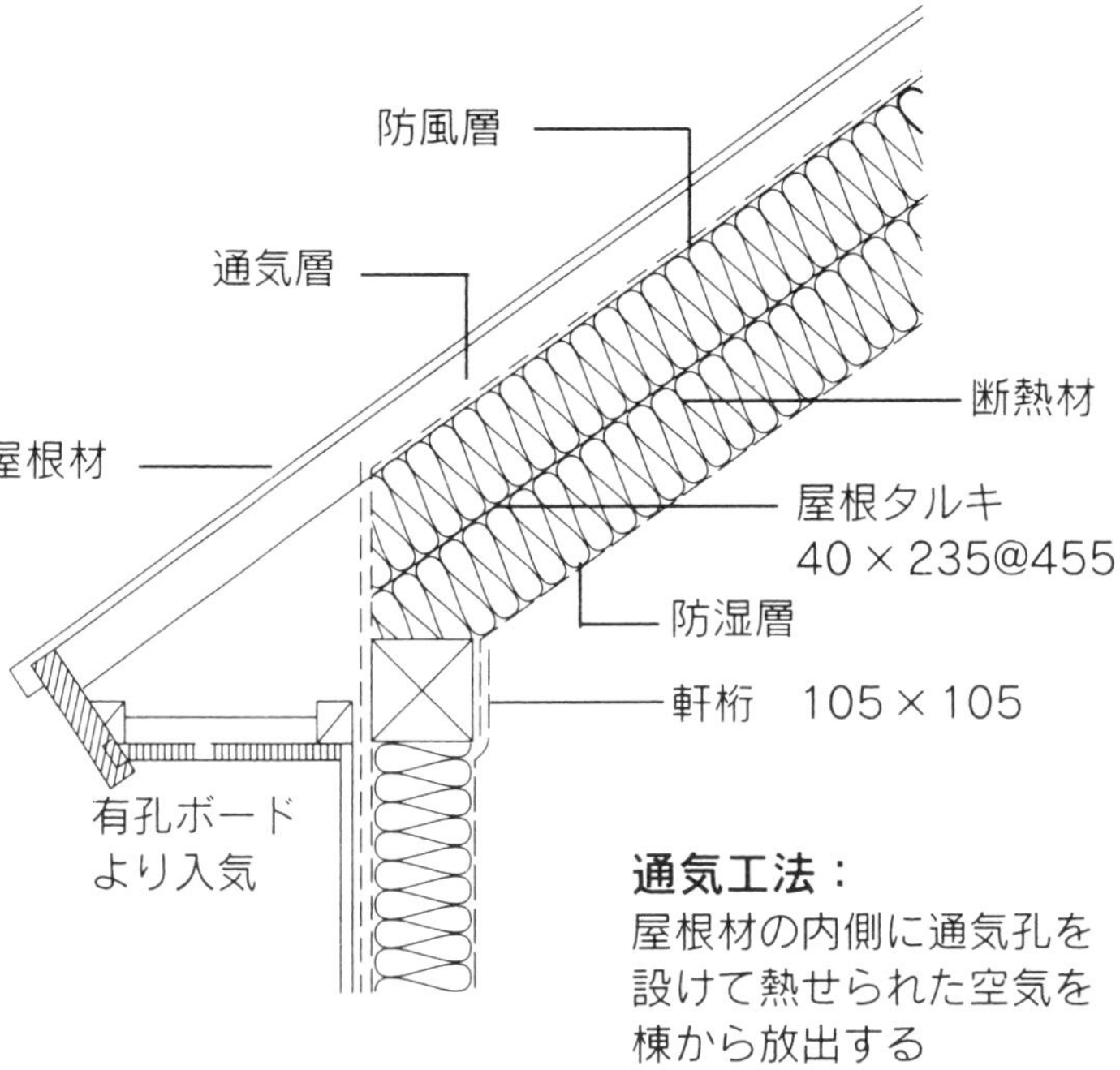

屋根の断熱は夏の暑さに耐えるため、外壁に比べて約二倍の断熱性が必要だ

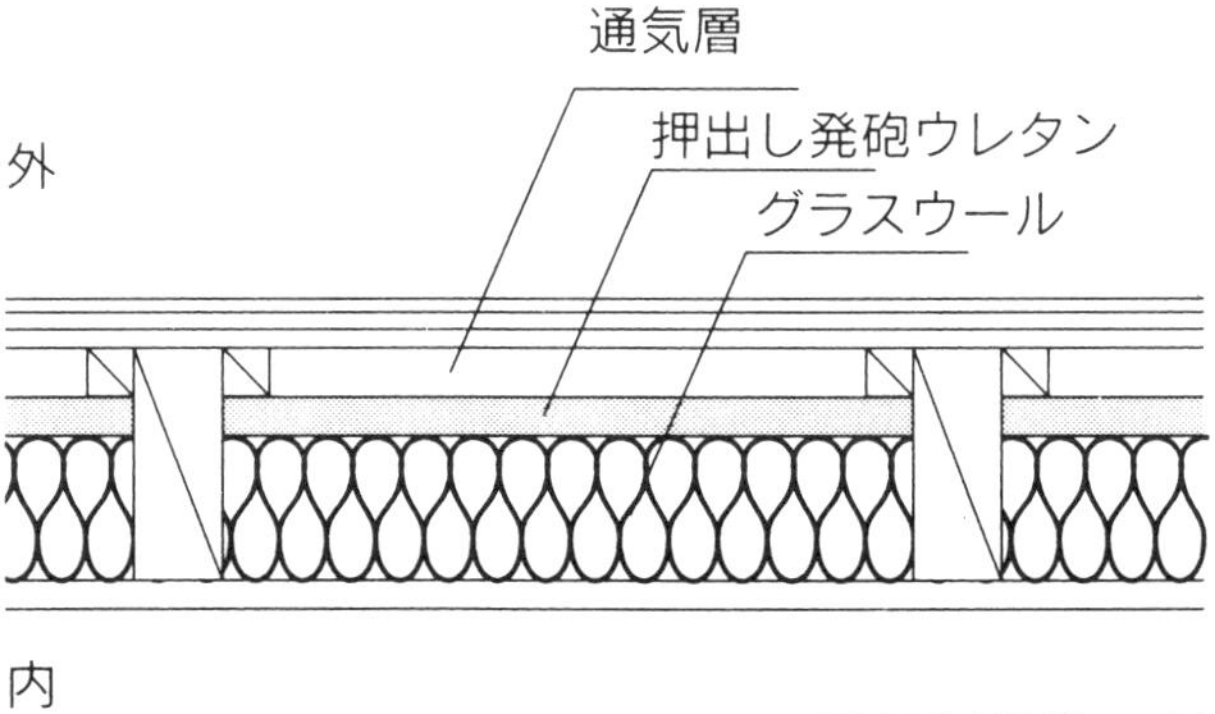

屋根断熱施工例

外壁の通気層の例

は床下に空気層がなく、床下の換気は必要ない。土間床工法は地熱の影響でほぼ一定の温度を保つので、夏はひんやりと感じる。地下室が夏涼しく感じられるのは地熱の影響である。

これまで私は多くの地下室を設計してきたが、断熱・気密・換気によって湿度を一定に保つことができた。土間床工法は床下の防湿と断熱を兼ね備えた優れた基礎工法である。

熱帯夜の続く東京ではクーラーが欠かせない存在となった。断熱性の低い家でクーラーを使うのは、いかにも不経済だ。家の断熱性を高めれば、各階に一台の家庭用クーラーだけで、家全体を快適温度に保つこ

スウェーデンでは木造住宅の天井に厚さ500ミリの断熱材が充填されていた

とができる。

　東京でもトリプルガラス窓は必要だと思う。クーラーの能力を小さくできるからだ。中途半端に断熱性を高めると、かえってクーラーの数が増える恐れがある。

　立川市の住宅展示場には、クーラーの室外機がずらりと並んだモデルハウスも多い。中には一〇数台の室外機が並んでいるモデルハウスもある。高断熱高気密のモデルハウスに限ってクーラーの数が多いのは、何とも皮肉な話である。

　かつて、クーラーは居室の数だけ設備すればよかった。だが、高断熱高気密住宅の宣伝をしたために、玄関にも廊下にも階段の踊り場にもクーラーが必要になった。高

モデルハウスの裏に並んだクーラーの室外機。高断熱高気密住宅のモデルハウスに限ってエアコンの室外機は多い

断熱住宅にすると、クーラーの数が増えるという話は、こんなところから生まれたのだろう。建て主にとっては、笑えない「笑い話」である。

居住性の高い家を建てたければ、豪華なインテリアに目を奪われるよりも、モデルハウスの裏に並んでいるクーラーの室外機を比較することのほうが大切だ。

モデルハウスの２階にもクーラーの室外機が並んでいる

地中熱利用の冷暖房

地球の温暖化防止に向けて各国でさまざまな取り組みが始まっている。欧米では地中熱利用のヒートポンプが普及し、家全体の冷房や暖房を行っている。日本でも地中熱利用促進協会が設立され、私も一〇年前から加盟している。

地中の温度は年間を通してほぼ一定の温度を保つので、室温の安定に役立つ。関東周辺では地中の温度が一六℃前後あり、冬は暖房の熱源として、夏は室内で集めた熱の放出先として利用する。私は立川市の本社建物とモデルハウスに地中熱利用の

平成17年に発行された日本地熱学会誌。
地中熱利用に関する貴重な実験データが
掲載されている

冷暖房を設備した。地中熱利用のヒートポンプはエアコンに比べて消費電力が少なく、一台のヒートポンプで冬は全室床暖房、夏は全室冷房が可能である。

地中熱を利用するには深さ八〇メートルの地中井に熱交換用パイプを埋め込み、不凍液を循環させて熱を集める。集めた熱を室内に送るのはヒートポンプである。ヒートポンプは、サンポット社のGSHP-一〇〇一タイプを採用した。ヒートポンプの冷暖房能力は一〇キロワットであり、床面積二〇〇平方メートル程度の家には十分な能力である。(サンポット首都圏営業所　TEL:〇四八-四七一-八四二〇)

地中熱利用のヒートポンプ

朝方に外気温がマイナスになる多摩地域や関東北部では、エアコンで大気中の熱を集めるのは得策ではない。エアコンの室外機は常に霜取り装置が作動するからだ。

真夏に外気温が三〇度を超える都市部では、室内で集めたクーラーの熱を高温の外気に放出するのは得策ではない。近隣の家からもクーラーの室外機から熱が放出されるからだ。

地中熱利用の熱交換用パイプ

モデルハウスの裏にある地中井

地中熱利用のヒートポンプは大気中に熱を放出することなく、クーラーで集めた熱を地中に放出するので温暖化防止に役立つ。地中熱利用のヒートポンプは太陽光発電に比べて設備費は安く、地球の温暖化防止にも役立つ。

すでに北海道では地中熱利用のヒートポンプが普及し始めている。北海道では家の断熱性が高いので、地中熱利用の冷暖房が可能なのだ。いずれ関東でも、家の断熱性が高まれば、エアコンに代って地中熱利用の冷暖房が普及するだろう。

家庭用に発売された地中熱利用の室内機

クリーンエネルギー

平成二一年発売の「クリーンエネルギー」七月号に地中熱利用の特集記事が掲載された。当社にも原稿依頼があったので、当社の実情をレポートにして送った。

当社には災害対策用の井戸があり、その井戸を利用して建物全体の冷暖房を行っている。二階建ての本社建物は平成九年に建てたものだが、次世代省エネ基準の北海道地域と同等の断熱性能を十分に満たしている。基礎は土間床工法で、一階の床全面に温水パイプが埋め込まれている。床暖房のガス給湯器を地中熱利用のヒートポンプに換えるだけで、蓄熱式床暖房はそのまま利用できる。クーラーの室内機を地中熱専用の室内機に取り替えた。

ヒートポンプの冷房能力は一〇キロワットだっ

平成 21 年発売の「クリーンエネルギー」7月号

たので、二・五キロワット用室内機を四台設置した。一台のヒートポンプで二階建て建物全体の冷房と暖房が可能である。このことをレポートにまとめて「クリーンエネルギー」に寄稿した。

同じ専門誌には、「三菱マテリアルテクノ」や「ワイビーエム」など一流企業の記事も掲載されていた。だがその内容は、深さ九〇メートルの熱交換井を一六本掘削するなど、大掛かりなものであった。

当社が深さ八〇メートルの熱交換井一本で同程度の建物を冷暖房しているのに比べると、井戸の数は異常に多く、ヒートポンプの能力も大きかった。深さ八〇メートルの井戸を掘削するのに二〇〇万円近くかかるので、これを一六本掘削するのでは実用化は無理だ。地中熱を利用して冷暖房を行うには、建物の断熱性が何よりも重要である。

関東で一六本の井戸が一本の井戸になるまでには、まだまだ時間がかかるだろう。その結果を見届けるには、私は一〇八歳まで生きなければならない。

耐震性について

平成七年一月一七日、兵庫県南部を震度七の巨大地震が襲った。マグニチュード七・三の阪神淡路大震災である。多くの尊い命が失われ、多くの建物が倒壊した。そして約二〇万人の人々が避難所での不自由な生活を強いられた。家が倒壊した人と倒壊を免れた人とでは、その後の生活に大きな差が生まれた。

地震が発生して二カ月後、ようやく復興が始まった神戸市東灘区を訪れた。建築士として耐震性を考えるためには被害状況を実際に自分の目で確認する必要があったからだ。まず目についたのは建物の倒壊のすさまじさであった。テレビでも放映されていたが、瓦礫の中で見る光景はまったく別であった。あちこちでビルが傾き、倒壊した建物が道を塞いでいた。半壊した建物の屋根にはブルーシートが掛けられていた。

建物の壊れ方は一様ではなく、上から押しつぶされたものや横倒しになったもの、ばらばらになったものなど、さまざまであった。鉄筋コンクリートの建物も鉄骨の建物も大きな被害を受けていた。被害が全くなかったと報じられていた大手住宅メーカーの建

阪神淡路大震災では多くの建物が倒壊した。地震で傾いた５階建てマンション。
時計の針は地震が起きた時間で止まっていた

倒壊した建物が道を塞いでいた

物も、実際には耐力壁の鉄骨がちぎれ、建物が完全に横倒しになっていた。

倒壊した建物には設計ミスによるものや手抜き工事によるものなど、原因がはっきり読み取れるものが多かった。古い木造住宅は南側に大きな窓を並べたために耐力壁が不足して倒壊した家が多かった。瓦屋根の家では屋根の重みで押しつぶされた家もあった。

手抜き工事による倒壊の現場では、筋違《すじかい》を固定する金物がなかったり、釘の数が足りない家が多かった。これら手抜き工事の原因は、下請け制度による職方への予算が削られたことに起因する。工期短縮や利益優先の企業経営が被害を招いたのだ。

鉄筋コンクリートの建物は１階部分が完全につぶれていた

窓を大きくしたために倒壊した木造住宅

内部結露によって土台が腐った
木造住宅

内部結露によってシロアリが繁殖し、
柱が腐った家

多くの建物が倒壊した中で、倒壊を免れた建物もあった。三階建て木造住宅は無傷のまま残っていた。三階建て木造住宅は構造計算が義務づけられているので、耐震性は高かった。建物の四隅には耐力壁が配置され、見た目にもバランスの良い建物であった。

ツーバイフォー工法の建物も無傷のまま残っていた。ツーバイフォー工法は柱がない壁工法であり、耐力壁の配置について厳格な基準が定められている。このことが大地震に耐えたのだと思われる。

この光景を見て、どの建築工法が地震に強いかを論じるべきではないと思った。どの建築工法でも耐震性の高い建物を建

屋根瓦の重みで押しつぶされた家

てることができる。反対に、どの建築工法でも設計に無理があれば耐震性は低下する。

阪神淡路大震災の後に、日本の耐震基準は強化された。だが、この基準は守られていない。なぜなら、構造計算が義務づけられていない一般住宅では、建築士が設計に携わることはなく、無資格の営業マンに設計を依頼する建て主が多いからだ。

私は神戸の被災地を視察して多くのことを学んだ。それは建物が倒壊した現場のことではなく、避難所で生活する人々の姿であった。家が倒壊したために避難所での不自由な生活を強いられた人々に

多くの建物が倒壊した中で、木造3階建て住宅は無傷のまま残っていた

対して、一体誰が責任を負うのか。

大手住宅メーカーも営業マンも責任を感じることはないだろう。すべての責任は、その建築業者を選んだ建て主が負うことになるのだ。建て主は自分が建築工事の発注者であることを忘れてはならない。

建て主の尊い命と財産を守るために、建築士の責任は重いと実感した。

ツーバイフォー工法の建物は無傷のまま残っていた

バランスの良い建物は地震に強かった

外装材について

耐震性を考えるなら、屋根は軽くて丈夫なほうがよい。阪神淡路大震災の後に瓦屋根の家は激減した。

私はコロナと呼ばれるニュージーランド製の屋根材を長年愛用している。コロナはガルバリュウム鋼板に天然石のチップを吹き付けた屋根材で、軽量で耐久性がある。コロナの特徴は、天然石を使っているためどの色も色があせることがない。屋根の表面がざらざらしているので急勾配の屋根でも雪止め部品は必要ない。洋風のデザインに合う、などである。日本ではオールシーズン社が輸入元で、施工も請け負っている。（ＴＥＬ：〇三‐三三五五‐四七八九）

外壁といえば、三〇年ほど前までは、モルタル塗が主流であった。モルタル塗の外壁は価格が安く、他に代る外壁材がなかった。今日ではモルタル塗に代ってサイディングの外壁が主流になった。サイディングの価格はピンキリで、価格の高いサイディングは耐久性に優れ、メンテナンスもほとんど必要ない。

軽量で耐久性がある屋根材「コロナ」の施工例

レンガ張りの外壁

私は旭化成のパワーボードを四〇年前から愛用している。パワーボードは木造用に開発された厚さ三七ミリの軽量気泡コンクリートで、耐火性に優れている。仕上げ材に良質な塗料を使えば、四〇年経った今でも手入れは不要である。パワーボードはヘーベル板の一種で、断熱性はあるが防音に対しての効果は低い。軽量気泡コンクリートは質量が小さいので、外部からの音を遮断することができない。

予算に余裕があれば、外壁材にレンガを使用する。レンガ張りの外壁は耐火性に優れ、後々の手入れも不要である。洋風の建物にはレンガが似合う。

東京都府中市の松原工業はヨーロッパ各地からレンガを直接輸入し、自社で加工し、施工も行っている。社員数名の小さな会社だが、社長の松原氏の誠実な人柄が各国のレンガ会社に信頼され、販売ライセンスを取得している。特に、イギリスのコッツウォルズストーンという自然石は同社が独占輸入元になっている。松原工業の松原社長とは三〇年の付き合いがある。（松原工業　ＴＥＬ：〇四二‐三三三三‐〇〇七四）

コッツウォルズストーンの外壁

福祉住環境コーディネーター

平成一一年に福祉住環境コーディネーターの認定制度が発足し、私も検定試験に合格した。福祉住環境コーディネーターは高齢者や障害者が自立して生活するために安全な住環境を提案する資格制度である。

玄関での床の段差や廊下の幅、手すりの高さなど、高齢者や障害者にとっての必要な配慮が示されている。車椅子での暮らしや、介護が必要になったときの対策など、細かな提案がなされている。

私も後期高齢者になって、さまざまな体験をした。私の自宅は一階の床全面が蓄熱式床暖房になっていて、家全体が暖かい。高齢者にとって廊下やトイレが暖かいことは何よりもありがたいことである。浴室も暖かいので、真冬でも浴槽を使わずシャワーで済ませることも多い。

数年前、私は膝関節症を患い、一時は歩行が困難になったが、自宅の玄関は土間と床との段差が低く、階段の蹴上げ高さも二〇センチに設計されていたので、自力で階段を上り下りできた。もしも段差があと二センチ高かったら、自力での上り下りは困難だったかも知れない。
高齢者や体に障害のある人が自立して生活するためには、排泄や入浴などのための移動が可能であることが何よりも大切だ。廊下と階段の設計については特に注意が必要だ。
将来、階段昇降機を設備するには、家の設計段階で専門家に相談することが大切だ。建て主自身が階段昇降機のショールームを訪れて、実物を確認する必要がある。平面図を持参すれば、簡易的な設備図を作成してくれる。（中央エレベーター工業本社ショールーム　ＴＥＬ：〇三‐五八一八‐三四五六）
今後は建築士の資格だけでなく、福祉住環境コーディネーターの資格者が設計に携わる必要があると思う。

福祉住環境コーディネーター検定試験のテキスト

モデルハウスで体験

居住性の良し悪しを比較するにはモデルハウスで体験するのが一番だ。カタログを見ても快適さを比較することはできない。どのカタログにも、夏涼しく、冬暖かい家と書いてあるからだ。モデルハウスでの体験を怠った建て主は自分の家に住んでから、暑さ寒さを初体験することになる。断熱気密工法について知識を集めても、自分の家で暑さ寒さを初体験するのでは意味がない。

モデルハウスにはさまざまな人が訪れる。居住性の良し悪しを確かめる人は少なく、春や秋の快晴の日には大勢の家族連れでにぎわう。建物には興味を示さず、カタログだけを欲しがる人もいる。

真夏にモデルハウスを訪れて、床暖房の説明を求める人もいる。真冬にモデルハウスを訪れて、夏の暑さはどうかと質問する人もいる。高断熱高気密住宅は日本の気候風土に適さないのではと、否定的な人もいる。いったい、日本の気候風土に適さない家とは、どんな家なのか。

立川モデルハウスの屋根裏部屋

各階に備えた温度湿度計

結露やカビが発生する家は日本の気候風土に適さない家だ。真夏に二階が暑い家は日本の気候風土に適さない家だ。真冬に家中が寒い家は日本の気候風土に適さない家だ。梅雨時に押入れが湿気る家は日本の気候風土に適さない家だ。もしかしたら、今住んでいる自分の家が日本の気候風土に適さない家ではないのか。ときには、自分の常識を見直すことも大切だと思う。

真冬に当社のモデルハウスを訪れる人は、蓄熱式床暖房の暖かさを体験できる。床面が暖かいのではなく、家全体が春のように暖かい。どうぞ、スリッパを履かないで体験していただきたい。

真夏に当社のモデルハウスを訪れる人は、地中熱利用の涼しさを体験できる。一台のヒートポンプだけで家全体が涼しく快適である。とくに、屋根裏部屋の涼しさに驚くだろう。

梅雨時に当社のモデルハウスを訪れる人は、雨の日でも湿度が一定に保たれていることを確かめられる。各階に温度湿度計が備えてあるので確かめられる。

モデルハウスの裏には地中熱利用のヒートポンプが設置されている。近くに地中熱利用の井戸もある。説明を求められれば建築士が説明することになっている。

出会いの場

モデルハウスは建て主と設計者との出会いの場でもある。出会いが良ければ信頼関係が生まれ、楽しい家づくりが始まる。もしも出会いが悪ければ信頼関係は生まれず、家づくりが進行することはないだろう。

建て主の何気ないひと言が、大切な出会いをぶち壊すこともある。「この会社が建てる家は地震に対して安全か」と質問する人がいる。これは寿司屋で「この店の寿司は食中毒に対して安全か」という意味と同じであり、これほど建築業者を愚弄する言葉はない。

耐震性に関心があるなら、他人の家を心配するよりも、今住んでいる自分の家の耐震性を心配すべきだと思う。首都直下型地震が発生する確率は高いという。とくに、窓がアルミサッシの家では内部結露によって倒壊する危険性が高い。専門家による耐震診断を受けても、最終的な判断を下すのは建て主自身である。本格的な耐震補強をすれば、家を建て替えるのと同程度の予算が必要である。大地震がいつ起きるかを心配するよりも、対策を検討すべきだ。

あるとき、ヘリコプターの設計技師がモデルハウスで「床暖房のパイプが床下で破損したらどうするのか」と聞いたので、私はとっさに「あなたの設計したヘリコプターが上空で故障したらどうするのか」と、やり返した。その技術者は顔を真っ赤にして激怒し、その場を立ち去った。二〇年ほど前のことだが、あのときの情景を私は今でもはっきり覚えている。彼もまた、あのときに受けた屈辱を生涯忘れることはないだろう。

モデルハウスで壁を叩く人は建築業者に嫌われる。何のために壁を叩くのか。当社には「壁を叩く人は家を建てない」というジンクスがある。このジンクスは二五年経った今でも破られていない。

他社で聞いた話を得意そうに話す建て主は、建築士に嫌われる。それはお見合いの席で、恋人の自慢話をするのに似ている。私に外張り断熱の説明をしてくれる人もいるが、私は外張り断熱の話はもう聞きたくない。

建て主が建築業者の品定めをするように、われわれ建築士も建て主の品定めをしている。自分はお客様だと思い込んでいる人は、営業マンには好かれるが建築士には嫌われる。なぜなら、建て主としての自覚がないからだ。面白いもので、駆け引きの好きな建て主は、駆け引きが上手な営業マンを選ぶ。

家づくりを成功させるには、建て主と建築士との信頼関係が何よりも大切だ。それはモデルハウスでの出会いから始まることが少なくない。だから私はモデルハウスでの出会いを大切にしている。モデルハウスでは第一印象が何よりも大切だと思われるからだ。モデルハウスでの設計相談は無料である。

第三章

建て主**参加**の家づくり

ハウジングシステム

建築士法には、建築士でなければ一〇〇平方メートル以上の建物の設計または工事監理をしてはならないと規定されている。尊い生命や大切な財産を守るべき建物の設計を、無資格の営業マンに依頼するのは、無免許運転のタクシーに乗るようなものだ。

大手メーカーの営業マンだった私は、七年の実務経験で二級建築士の受験資格を得て、受験のために日建学園に入学した。クラスには大工や現場監督など作業着姿の生徒が多く、背広姿の営業マンは私一人であった。

建築基準法を見るのも初めてだった。建物の構造計算をするのも初めてだった。だが、間取りを考えるのは、誰よりも早かった。

私はクラスで人気者になった。毎回模擬試験が行われ、翌日に成績が廊下に貼りだされた。クラスで最年長の私は、やっとの思いで二級建築士の試験に合格した。それまでに私は無資格のまま一五〇棟以上の家を設計していた。

建築士の資格を取得した私は建築設計事務所を開設した。家を建てるのに営業マンも販売会社も必要ないと思ったからだ。建築士と各業種の職方だけで家を建てるこの会社を私は「ハウジングシステム」と名付けた。

職方とは、元請け・下請け・孫請けの「孫請け」に相当する専門職のことで、彼らは複数の建築業者から仕事を請け負っている。例えば、大工・とび・左官・屋根・板金・タイル・塗装・内装・電気・水道・産業廃棄物処理など、二〇業種の職人のことである。現金払いのためか、腕の良い職方が噂をきいて集まった。

建築士と職方だけで家を建てるこのシステムは、当時多摩ニュータウンで評判となり、狭い事務所には連日建て主が相談に訪れた。大手住宅メーカーに比べて二割も安く家が建つからだ。カタログもモデルハウスも必要なかった。三人の建築士は連日夜遅くまで働いた。だが、家を安く建てただけでは、建て主の満足は得られなかった。夏は二階が暑く、冬は家中が寒かったからだ。屋根裏に大量の結露が発生し、雨漏りと間違えられたこともあった。

大手住宅メーカーとの差別化を図るため、独自の特徴が欲しかった。そんな折、北欧の省エネ技術に出会った。

北海道で行われたセミナーに参加し、毎年のように北欧やカナダを訪れた。

高断熱高気密住宅と蓄熱式床暖房とを組み合わせて自宅を建てた。それ以来、建て主の満足度は確実に高まった。それは床暖房の快適さに起因するところが大きい。そこで私は社名を「ウェルダン」に変更した。ウェルダンとは英語で、家がよくできたときなどに使われる。私は冗談で「ウェルカムのウェル」と「床暖の暖」だと説明することにしている。

蓄熱式床暖房は遠赤外線の効果により、身体の芯まで暖かい。ステーキに例えるなら、「レアー」ではなく「ウェルダン」である。

ウェルダンの請負方式と一般の請負方式

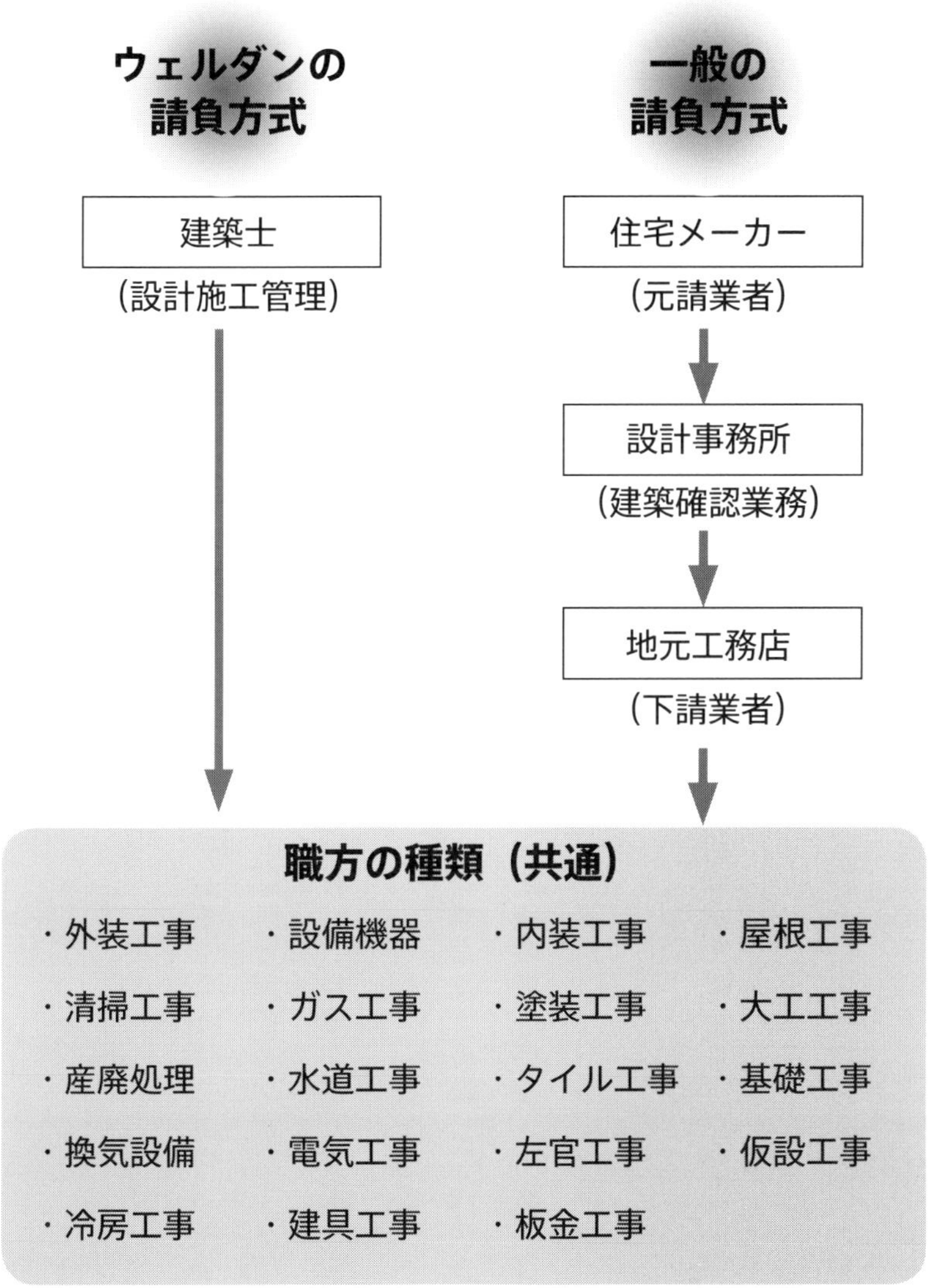

建て主の役割

自分がどんな家に住みたいかを考えるのは建て主の役割である。それによって、建築業者の選び方も変わるし予算も変わる。だが、多くの建て主は自分がどんな家に住みたいかを考えないで建築業者を選ぶ。建築業者の品定めに明け暮れ、自分がどんな家に住みたいかを考える余裕がないのだ。

人の価値観が異なるように、建築業者の価値観も異なる。日当たりと風通しに快適さを求める建築業者もいれば、奇抜なデザインに価値を求める建築業者もいる。床暖房など必要ないと考えている建築業者もいる。建て主がその選択を誤れば、不満だらけの家が建つのだ。

自分なりの価値観を持たない建て主は、建築業者の価値観で家を建てる。だから「お任せします」という建て主に限って、完成後の不満が多い。

建築業者を選ぶのは建て主の役割であり、建て主は建築工事の発注者である。すべての責任は、最終的に建て主が負うことになる。価値観の異なる建築業者に設計を依頼しても満足度の高い家は建たない。こんなはずではなかったと悔いの残る家が建つのだ。建築業者を選ぶ前に、自分はどんな家に住みたいのかを考えることは大切だ。

あなたが居住性の高い家に住みたければ、今住んでいる家の不満に気づくことが何よりも大切だ。暑さ・寒さ、結露などの居住性についての不満は、あなたがそれに気づけば、すべて解決できる。もしも不満に気づかなければ、家を建て替えても同じ不満が残るだろう。

予算を決めるのは建て主の役割である。「ご予算は」と聞かれて「安ければ安いほどよい」と答えるようでは建て主として失格だ。安ければ安いなりの家が建つからだ。本当に安い家が完成しても、心から満足する建て主はいないだろう。「これだけの予算で、こんな家が欲しい」と、はっきり言える建て主は最高の建て主である。

複数の建築業者から見積を取って比べる建て主もいる。問題は何のために見積を比べるかだ。間取りも仕様も異なる見積書を比べても、結局は価格の安い建築業者を選ぶことになる。全室床暖房の省エネ住宅とアルミサッシの家とを比べる建て主は、価格の安いアルミサッシの家を建てることになるのだ。

他社との競争に勝つために、見積書の金額を安くすることは容易である。安い仕上げ材を選び、最低の設備機器を見積書に並べる。工事が始まってから追加工事が発生するのは最初から織り込み済みである。安く契約して追加工事で利益を上げるという商法は、昔も今も変わらない。追加工事がなければ利益が出ないと、嘆く下請け業者もいる。

日本では設計料を払う習慣がなく、設計料はもったいないと考える建て主は多い。そのため、設計無料サービスの営業マンに大切な設計を依頼する。だが、営業マンの設計は無料ではなく、建築業者の販売経費に含まれている。大手住宅メーカーは販売業者と化し、高い利益を上げている。建て主が高いお金を払っても、その三割は販売経費として消えていく。大手業者なら安心だなどと思い込んでいる建て主は、テレビを定価で買うのに似ている。高いお金を払っても、居住性の高い家など建つはずがない。

日本の建築費が高いのは、下請け制度が発達したからだと私は思う。かつて建て主から直接建築工事を請け負っていた大工の棟梁は、大手住宅メーカーの下請け業者から安い賃金で仕事を請け負っている。

世間では、職人が手抜き工事をするのではと心配する人もいるが、職人の名誉のために私は言いたい。職人は自分の仕事に誇りを持っている。まともな賃金さえもらっていれば、手抜き工事などするはずがない。だが、下請け制度の下では、彼らの賃金はぎりぎりまで削られ、夜遅くまで働いても生活は苦しい。その結果、手抜き工事が行われる

昔から変わらないデザインのドイツの住宅

こともあるのだ。

大手住宅メーカーなら安心だなどと思い込んでいる建て主がいる限り、大手住宅メーカーの販売経費は増え続け、手抜き工事がなくなることはないだろう。

ドイツでは、フランクフルトのような大都市でも、住宅展示場は一カ所しかなかった。つまり、東京に一カ所の展示場があればよいことになる。日本では展示場の数が多いだけでなく、同じ展示場に複数のモデルハウスを展示している住宅メーカーも多い。モデルハウスの数が多ければ営業マンの数も多い。日本の建築費が高いのは、建築費に含まれる販売経費の割合が大きいからだと思われる。

ドイツではモデルハウスを見学するのに、入場料を払って見学した。モデルハウスではカタログを有料で売っていた。販売経費を少なくするために合理的な方法だと思う。

トラブルを防ぐには

かつて建築業界は「クレーム産業」と呼ばれていた。テレビでは欠陥住宅の特集番組が組まれることもあった。そのたびに、私はビクビクしながらテレビを見ていた。幸い、自分が設計した家がテレビに出ることはなかったが、社内では連日苦情の電話が鳴りっぱなしであった。それらの苦情は若い営業所長が処理してくれた。

最近では欠陥住宅の話題は少なくなった。インターネットの普及により、建て主の苦情は全国に知られることになったからだ。

建築工事をめぐっては、さまざまなトラブルが発生する。違反建築をして近隣とトラブルを起こす人。工事中に設計変更をして、現場監督とトラブルを起こす人。請負代金の支払いをめぐってトラブルを起こす人。営業マンの口約束を信じてトラブルを起こす人。建築中の心労が祟って健康を害する人など、数え上げればきりがない。これらの不幸な例は、建て主としての自覚がないために起きるのだ。

われわれ建築業者がトラブルに巻き込まれない確かな方法は、建て主としての自覚が足りない人の建築工事を請け負わないことだ。おかげで私は一度もトラブルに巻き込まれたことはない。

最近では地鎮祭も上棟式も行われなくなった。職人への茶菓子の接待も不要になった。だが、建て主としての自覚だけは失ってほしくない。

建築士の役割

当たり前のことだが、家は設計図通りに完成する。決して設計図以上の家が建つことはない。つまり、家の良し悪しは設計の段階で決まるのだ。この大切な設計を無資格の営業マンに依頼する建て主は多い。かつて私も住宅メーカーに勤めていた頃は、無資格のまま多くの家を設計した。それは契約を取るための設計であり、決して良心的な設計ではなかった。工事が始まると設計の不備が指摘され、その都度追加工事が発生した。

限られた予算の中で、建て主の希望通りの家を建てるのは建築士の役割である。建て主の予算は少なく、要望は高い。すべての要望を満たすのは容易ではない。

そんなとき、私は建て主に要望書を依頼する。すべての要望に優先順位を決め、優先順位の低い要望をあきらめてもらう。「できれば欲しい」とか「あればよい」などの要望は、真っ先にカットする。太陽光発電などは「なくてもよい」ので、予算には入れない。

建て主の要望を仕訳けするには、居住性に関する要望を優先する。世間体を意識する要望は、予算が足りていれば組み入れる。その結果、満足度の高い家が建つのだ。

省エネ技術を勉強するのは建築士の役割である。建て主が断熱気密工法について中途半端な知識を集めても、実際に役立つことはないだろう。だが、多くの建て主は断熱工法を比較し、断熱材の種類を知りたがる。

省エネ技術は多くの体験の中から学ぶものなので、中途半端に断熱性や気密性を高めると結露が発生する。東京で省エネ技術が普及しないのは、設計者自身が省エネ住宅の快適さを体験しないからだと私は思う。三〇年後の省エネ技術を先取りするには、設計者自身が北欧を訪れて、本物の快適さを体験することが大切だ。

耐震性を考えるのは建築士の役割である。阪神淡路大震災の後に、日本の耐震基準は強化された。マンションの耐震偽装が問題になって、建築基準法は罰則規定が強化された。平成二〇年に建築士法が改正され、建築士事務所に所属する建築士は、三年毎に定期講習の受講が義務付けられた。最新の建築関係法規や技術を習得するためだ。私のような高齢者にとって、八時間の定期講習は重労働である。私は体力的な限界を感じたが、気力には余裕が残っている。

木造住宅の耐震性を考えるとき、耐力壁の配置は何よりも大切だ。小さな家で窓を大きくすれば耐力壁は不足する。南面に大きな窓を並べれば、耐力壁のバランスは崩れる。

窓を大きくするよりは、安全性を優先させるべきである。

家の四隅には原則として耐力壁が必要だ。ここにコーナー出窓を付けた家をよく見かけるが、耐震性は大丈夫なのかと気にかかる。コーナー出窓は結露が発生しやすいことも覚悟すべきである。

日本では設計料を払う習慣がなく、多くの建築士は大手住宅メーカーの下請けとして、建築確認申請などの仕事を安い金額で請け負っている。中には新人の営業マンに雇われて、建て主の家へ同行する建築士もいる。

極端な言い方をすれば、各支店に建築士は必要なく、一人の建築士の名前で全国どこにでも家を建築できる制度である。かつて私が勤めていた住宅メーカーの東京営業所には、建築士の有資格者は一人もいなかった。建ぺい率や容積率など、設計に必要な最少の知識は、先輩の営業マンから受け継いだ。

3年に一度行われる一級建築士定期講習のテキスト

価値観の見直し

高断熱高気密住宅は日本の気候風土に適さないのではないかと、心配する人もいる。いったい、日本の気候風土に適さない家とは、どんな家なのか。

結露やカビが発生する家は日本の気候風土に適さない家だ。真夏に二階が暑い家は日本の気候風土に適さない家だ。真冬に床が冷たい家は日本の気候風土に適さない家だ。アルミサッシに囲まれて、換気ができない家は日本の気候風土に適さない家だ。もしかしたら、今住んでいる自分の家が日本の気候風土に適さない家だと気づくだろう。

床暖房は床面が温まるまで時間がかかると思い込んでいる人もいる。省エネ住宅では前日の暖かさが家中に残っているので、寒さを感じることはない。蓄熱式床暖房は床が冷えることはなく、朝夕二時間、給湯器で熱を補充するだけで家全体を快適温度に保つことができる。

床下換気口は床下の湿気を排出するために必要だと考える人もいる。だが実際は、湿った外気が床下に流入し、床下で冷やされて夏型結露が発生する。床下換気口を塞ぎ、室内側から換気を行う方法もあるが、当社では土間床工法を採用し、この問題を解決している。

アルミサッシは耐久性があると考える人もいる。アルミサッシの家では内部結露が発生し、家は長持ちしない。阪神淡路大震災では、多くの家が内部結露によって倒壊した。シロアリが柱の上部まで住みついていた家もあった。

家づくりは一生に一度の大きな買い物だと考える人もいる。家づくりにおける建て主は、お客様ではなく建築工事の発注者である。そこでは建て主が大きな役割を果たしていることを見逃すわけにはいかない。自分はお客様だと思い込んでいる建て主は

北米では屋根材に木の板が使われていた

建て主としての役割を怠り、建築業者とのトラブルを引き起こす。家づくりは建て主次第だと、つくづく思う。

大手住宅メーカーのブランドに価値を求める人もいる。大手住宅メーカーなら安心だなどと思い込んでいる建て主は、家の居住性よりも建築業者のブランドに価値があるのだ。日当たりのよい南向きの家は快適だと考える人もいる。実際は北側の廊下やトイレが寒く、家の中で温度差が生じる。脳梗塞や心筋梗塞などの原因は、家の中での温度差によるものである。床の段差だけでなく、家全体の温度差をなくすことも必要だ。

日本では家を長持ちさせるために基礎を高くするが、北欧では車椅子での出入りを考えて基礎を低くする。住む人が自由に出入りできなくなれば、家は寿命となるのだ。北欧では木造住宅でも一〇〇年、二〇〇年と長持ちしている。

北米では新築住宅の屋根に木の板が使われていた。こんな屋根で家が長持ちするのかと、現場で働いている大工さんに聞いた。すると大工さんは笑って答えた。「屋根なんか何度でも葺き替えるのさ」と。「日本では屋根に何を使うのか」と聞かれたので、私は得意になって「日本では瓦を使う」と答えた。すると大工さんは「それで家は何年持つのかね」と聞いてきた。私は返事に困った。

板葺き屋根の家

雨戸は防犯に役立つと考える人もいる。だが実際に雨戸の付いた窓から泥棒に入られた家は多い。昼間でも雨戸を閉め切っていれば、この家は留守だと空き巣に知らせるようなもので、かえって空き巣に狙われやすい。旅行に出かけるたびに、雨戸を閉めるのか開けるのかで悩むことになる。高齢者にとって、雨戸の開け閉めは重労働である。窓ガラスに防犯フィルムを貼る方が防犯に役立つ。玄関付近に防犯カメラを設置するのも効果的である。

深夜電力は安いと思い込んでいる人も多い。だが、深夜電力を利用する家では、昼間の電気料金が高くなることは知られていない。昼間もクーラーを使う家では、かえって年間の電気料金が高くなる場合もある。

太陽光発電は地球の温暖化防止に役立つと考える人もいる。断熱性の低い家に太陽光発電を設備するよりも、窓をトリプルガラスにして、冷暖房費を節約する方が地球の温暖化防止に役立つ。電力会社による買い取り制度が終了すれば、設備費を回収するのは難しい。

人の価値観は時代とともに変わる。ときには自分の価値観を見直し、新しい目標を設定する必要があると思う。

高齢化への配慮

高齢化への配慮として、床の段差をなくすことは第一の条件である。老人が家の中で転倒すれば、骨折など思わぬ大事になりかねない。床の段差をなくしたり、廊下の幅を広くすることは、家の寿命を長く保つためにも欠かせない要件だ。

基礎の高い家では、玄関から外へ出るのに何段も段差がつく。たとえば、基礎の立ち上がりが地上四五センチであれば、室内の床面は地上六〇センチ前後となる。六〇センチの高さから外へ出るのには、それなりの段差を覚悟しなければならない。

廊下の幅は、芯々三尺（九〇九ミリ）だと有効な内法寸法は約七二センチくらいとなる。車椅子での生活を考えるなら、あと一〇センチは広げたい。

トイレのドアも二尺（六〇六ミリ）では狭く、車椅子では通れない。またドアを外開きにするのか引き戸にするのかということも、入りやすさや、中で人が倒れた場合などを考えたとき、必要な条件になってくる。

このほかにも、浴室や階段、トイレ、玄関の上り框の壁などに手すりを付けること、各室の敷居をなくす、または段差の少ないものにすること、階段の幅を広げたり、勾配をゆるやかに設計することなどもたいへん重要である。

しかし階段の場合は、敷地が狭かったり、居室スペースが十分にとれない場合にはどちらかを選択しなければならない。階段の幅が二階にも影響を及ぼすからだ。

ちなみに階段は、手すり部分を腰壁にするよりも、くり棒などの手すりにしたほうが、有効幅が広くなり、使用しやすくなる。

これからの高齢化時代、居住性の良し悪しが、家の寿命を左右することになるといっても過言ではないだろう。近年では、浴室やトイレのあまりの寒さに、脳卒中や心筋梗塞を起こしてしまう高齢者が増えてきている。家の中に温度差があることが、生命にも関係してしまうのである。

大切な自分の人生を少しでも快適に過ごすためには、居住性のよい家であることが何よりも望まれる。どの部屋にいても家の中の温度は常に一定で、結露やカビが発生せず、段差が少なく車椅子でも快適に過ごせる家は、人にも建物にも健康的なのである。

玄関へとつづくスロープ状のアプローチ。車椅子でもスムーズに移動できる

廊下と各室の段差を少ないものにすることが大切

玄関の上り框の上の壁に手すりを設けると、出入りの際にとても便利になる

通常よりも幅を広くとり、傾斜をゆるやかにした階段。手すりをくり棒にするとより有効幅が広がり、ゆったりと使用できる

階段昇降機を設置する場合に備えて、階段に電気配線を
施しておくことも有効だ

車椅子を使用することを考えて、
廊下は広めに設計するのが望ましい

トイレのドア幅を通常よりも10センチ広げると、車椅子に乗ったままで出入りが可能になる

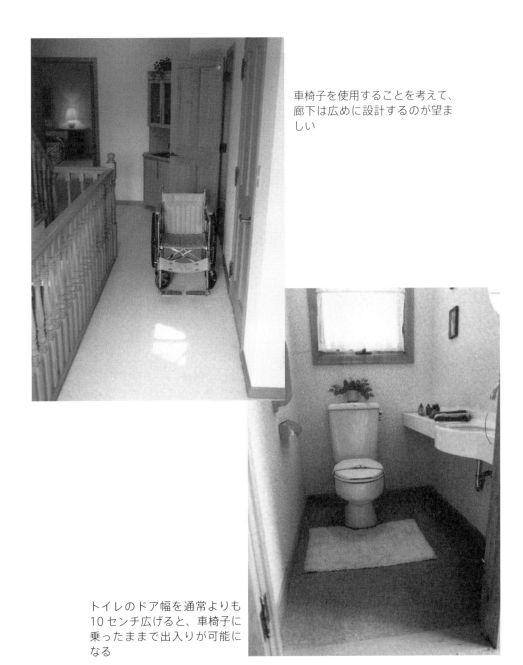

セミナーに参加して

五〇歳のとき、あるセミナーに参加して、私の人生は一変した。それは目標設定のセミナーだった。

それまでの私は毎日夜遅くまで働き、家庭を顧みないダメオヤジであった。子育てはすべて妻に任せ、家族の中で孤立していた。そんな中でセミナーに参加した。

いくつかのテーマの中から私は「家族」というテーマを選んで目標の設定を試みた。私は家族が何を望んでいるのか考えたことはなく、家族のために何をすればよいのかも思い浮かばなかった。

セミナーに参加して二日目、あることを思い出した。子供たちは以前から子犬を欲しがっていた。私は犬が嫌いであったため、犬が病気になったら誰が看病するのかと、その都度反対していた。そうだ、家族のために犬を飼うことにしよう。私は大勢の参加者の前で、自分の目標を発表した。会場から暖かい拍手が沸き起こった。

その夜、家族が集まった夕食の席で、私は照れくさいのを我慢して、「犬を飼ってもいいよ」と、小声でつぶやいた。妻は一瞬驚いて私の顔を見つめた。子供たちは歓声を上げて喜んだ。

その夜、食卓はいつになく賑わった。どんな犬種を選ぶのか。どこで犬を買うのかなど、華やいだ空気が流れた。気がつくと、私は家族の輪に加わっていた。

犬を飼うという小さな目標は、私に大きな変化をもたらした。私は家族との信頼関係を取り戻し、家族も私の仕事に理解を示した。

私は家族のために宅地を買い、家を建てようと目標を設定した。これまでも公団や公社の宅地分譲に応募したが、くじ運の悪い私は毎回落選の通知を受け取った。

ある朝、新聞の折り込み広告が私の目をくぎづけにした。「建築条件なし」「先着順受付」の文字が大きく見えた。

地価の高騰はピークに達し、どの区画も一億円を超えていた。その中の一宅地が私の要望をすべて満たしていた。それは北斜面の宅地であったが、南側が市街化調整区域なので、南側に建物が建つことはない。これが最後のチャンスだと思うと、価格のことは気にならなかった。

朝食もそこそこに、さっそく現地を訪れた。すでに頭の中には設計図ができていた。先着順受付ならば、一番先に並べばよい。私は二日間徹夜して並び、その宅地を購入した。私は天にも昇る気持ちで喜び、自宅に帰った。もしも目標を設定していなければ、あのチラシをみても何も気にしなかっただろう。

私は一級建築士の資格が欲しかった。家づくりの本も出版したかった。自社ビルも建てたかった。欧米の省エネ技術も勉強したかった。建て主が満足して暮らせる家を建てることも目標の一つである。

目標は紙に書くことによって鮮明になり、達成も早まる。私は不満を見つけては目標を設定し、不満を解消するために努力を続けた。だから私の人生に不満はない。私は次々に目標を設定し、その多くはすでに達成された。

セミナーの創設者であるポール・J・マイヤー氏によれば、「成功とは価値ある目標を設定し、目標に向けて努力する過程が成功である」と説いている。目標に向けて歩き始めることが成功であり、目標が達成されれば成功は終わるという。一つの目標が達成されれば、次の目標が現れる。次々に目標を設定することで、成功が続くのだという。

私はセミナーに参加して、自分が自由であることに気づいた。今ある人生は過去に自分が選んだ結果であり、今日の選択がこれからの人生を決定する。決して言い訳などできない。

セミナーの指示に従って、私は人生の六分野に目標を設定した。トータルな人格を形成するためだ。六分野とは、健康・経済・精神・教養・家族・社会である。

私は囲碁の勉強を始めた。老後の生活を豊かにするためだ。囲碁はその人の性格を表すという。私は囲碁を通して、短気で性急な性格に気づいた。それは精神的な目標であり、教養面での目標である。囲碁を通して人との交流も図れる。まさに一石三鳥の目標である。

昨年の流行語大賞に「今でしょ!」という言葉が選ばれた。この言葉の発信者である予備校講師の林修先生は、価値ある目標を設定し、目標に向けてスタートするのはいつかを問うている。私がセミナーに参加して体験した内容と同じである。

あなたは家づくりの目標を、いつ設定するのだろう。

「今でしょ!」

理想の家とは

家づくりの目的は、健康で快適な暮らしを続けることだと思う。これからの人生を楽しく生きるために家を建てるのだ。この目的を忘れた建て主は建築業者の価値観で家を建て、不満だらけの家で暮らすことになるだろう。

日本は平和な国であり、われわれは恵まれた時代を生きている。家にはものが溢れ、何不自由なく暮らしている。もしも足りないものがあるとすれば、それは家の居住性ではないだろうか。

かつて日本では、我慢強いことは美徳とされ、家中が寒くても建築業者が責任を問われることはなかった。結露が発生しても気にする人は少なく、相変わらず閉め切った部屋を暖めたり冷やしたりして暮らしている。脳梗塞や心筋梗塞など家庭内での死亡事故の数は増え続け、交通事故での死者の数を超えている。夏場には、熱中症で亡くなる高齢者も少なくない。

徒然草の著者である兼好法師は「家の作りやうは夏をむねとすべし」と記している。この考えは昔も今も変わらない。熱帯夜の続く東京では、冬よりも夏の暑さ対策が必要だ。かつての茅葺き屋根は断熱性に優れ、夏は涼しく冬は暖かかった。それに比べて、今の断熱材は中途半端で茅葺き屋根の断熱性に及ばない。屋根の断熱は東京でも寒冷地の性能と同等に考えるべきだと思う。

「よい家とは何か」を考えてほしい。もっと敷地さえ広ければとか、もっとお金さえあればとかいうのではなく、今のあなたにとって「よい家とは何か」を考えてほしい。

私は住んでみて不満のない家が「よい家」だと思う。暑くなく寒くなく、自分が高齢者になったとき、不満のない家が「よい家」だと思う。

限られた予算の中で満足度の高い家を建てるには、自分が今住んでいる家の不満に気づくことが何よりも大切だ。

おわりに

私はこれからの人生を楽しく生きようと思う。二人の息子は独立し、かわいい孫にも恵まれた。折に触れて家族が集まり、楽しく暮らしている。これは私が過去に設定した目標であり、これからも楽しい人生が続くだろう。

私には信頼する仲間がいる。彼らと共に楽しく家を建てようと思う。当社には設立当初からの職方も多く、職方同士も仲がよい。建て主の喜ぶ顔を見るのは彼らも大好きだ。自分の仕事が認められることは、何ものにも代えがたい喜びである。

建て主にとって家づくりは一つの目標であり、健康で快適な暮らしをするための手段である。その意味で、家の居住性は何よりも優先すべきだと思う。他人に自慢する家よりも、自分が満足できる家を建てるべきだと思う。

建て主にとって家づくりは人生の一部である。家さえ建てれば幸せになるのではなく、家づくりの過程も楽しい方がよい。われわれ建築業者にとって家づくりは人生そのものである。だから楽しく家を建てたい。

次世代省エネ基準の告示により、日本の夏型住宅は北欧の省エネ住宅を目指すことになった。三〇年前に学んだ北欧の省エネ技術が、役立つことになるのだ。

私は安心して会社の経営を息子に引き継いだ。経営方針は変わらず、省エネ技術は一段と向上した。息子は古い建て主とも良好な関係を保っている。建て主にとってアフターサービスは重要であり、建築業者の責任は重い。居住性に対して不満を抱く建て主はなく、職人たちは快くアフターの工事を引き受けてくれる。

私はこれまでの人生に感謝し、これからも家づくりの仕事を続けたいと思う。東京の気候風土に適した「東京型省エネ技術」を考案し、東京周辺に普及させたい。

私は老後を自宅で暮らしたいと思う。老人ホームにも介護付きマンションにも入りたくない。

私は地域の囲碁クラブに参加して、週に一度は有段者との対局を楽しんでいる。妻も庭造りに専念し、バラの手入れに余念がない。一枚のチラシを見てこの土地を手に入れたことは、目標設定のセミナーに参加した成果である。

これから家づくりをする人は、三〇年後の暮らしを考えて家を設計すべきである。そのために北欧の省エネ技術を学ぶことは意味があると思う。なぜなら、北欧と東京では省エネ技術に関して三〇年以上の時差があるからだ。北海道と東京でも二〇年の時差がある。

東京で省エネ技術が普及しないのは建築業者の責任ではなく、住む人が我慢強いからだと私は思う。暑さ寒さだけでなく、結露やカビに対しても不満を感じない人は多い。ペアガラスは普及したが、家全体が快適温度に保たれた家は少ない。

北海道の人が東京へ行くと風邪を引くという。東京の家が寒いからだ。経済大国の首都東京で、誰もが寒い家に住んでいることを、北海道の人はどう思うのか。おそらく、「東京の人は我慢強いなあ」と、感心していることだろう。

いずれ東京でも省エネ技術が普及し、真冬でも半袖で暮らせる家が増えるだろう。アルミサッシが姿を消し、トリプルガラスの樹脂サッシが主流になるだろう。温風暖房に替わって、足元から暖かい蓄熱式床暖房が普及するだろう。エアコンに替わって地中熱利用のヒートポンプが普及するだろう。高温多湿の東京で、夏も快適に暮らせる「東京型省エネ住宅」が定着するだろう。

日本は世界でも例を見ない高齢化時代に突入した。自分が高齢者になったとき、安心して暮らせる家が必要である。

再び家を建て替えることがないように、今度こそ、全室快適な省エネ住宅を建てたいものだ。そのための目標を設定するのは、あなた自身である。あなたはいつ目標を設定するのか。「今でしょ！」

高齢化時代を迎え、家の居住性はますます重要になるだろう。

著者紹介

兼坂亮一（かねさか・りょういち）

昭和12年1月・横浜生まれ　中央大学法学部卒　一級建築士

株式会社ウェルダン会長

北欧の省エネ技術を学び、東京の気候風土に適した省エネ住宅の普及を目指す。蓄熱式床暖房の実績は30年を超え、地球の温暖化防止に向けて地中熱利用の実用化を目指す。

主な著書

高断熱高気密の家づくり	けやき出版
あなたが建てる快適住宅	けやき出版
あなたが選ぶ快適住宅	けやき出版
これからの「よい家」づくり	主婦と生活社
省エネ時代の家づくり	けやき出版

株式会社　ウェルダン

本社　東京都立川市栄町4－16－9

電話　042－525－2300

モデルハウス　東京都立川市泉町935－1

ハウジングワールド立川内

電話　042－525－8411

高齢化時代の家づくり

2015年7月21日　第2刷発行

著者　兼坂 亮一

発行所　株式会社 けやき出版

東京都立川市柴崎町3-9-6

TEL 042-525-9909　FAX 042-524-7736

DTP　福田正江

印刷所　株式会社 平河工業社

ISBN978-4-87751-528-7 C2052